Geraud Selonou AFIGNONZO

**Le phénomène amour entre passion et action :
La vérité du couple avec André comte Sponville**

Copyright © Éditions AB Alke Bulan, 2024

www.editionsab.com

ISBN : 978-1-990497-86-5

Mots aux lecteurs

Ce livre est l'aboutissement notre recherche en guise de notre soutenance de fin de premier cycle en philosophie. Le sujet de notre recherche, est intitulé « Le phénomène éros chez André Comte Sponville dans *Le Sexe ni la mort* ». Le but d'un tel travail académique est de penser, repenser la difficulté des couples face aux nombreuses déceptions amoureuses et divorces chroniques en cheminant avec plusieurs philosophes depuis Socrate jusqu'à André Compte Sponville. Notre problématique a été reformulée de la manière suivante : Quelle est la juste conception de l'amant(e) et de l'aimé(e) en face de l'éros pour leur réalisation en tant qu'humain et pour la réussite du couple ?

Pour éclairer une telle problématique nous nous sommes fixés trois objectifs à savoir : Tenter une traversée historique et conceptuelle de l'amour au creuset de la philosophie et plus particulièrement chez André Comte Sponville ; explorer et faire comprendre la phénoménologie de l'éros chez l'être africain à travers la vie du couple, dans le but de permettre à l'humanité de saisir l'étendue de sa responsabilité à l'égard de l'amour et essayer une approche éducationnelle de l'amour face à la responsabilité que prône André Comte Sponville à l'égard de l'amour.

Ainsi, à la fin de ce travail, nous nous sommes rendu compte de ses enjeux non seulement philosophiques mais aussi de ses enjeux sociétaux, d'une part. Et d'autre part, l'encouragement reçu de certains de nos amis nous pousse à la découverte de son utilité pour une jeunesse souffrante en amour. En effet, ce livre est un projet d'éveil de conscience de l'homme (du moins du jeune) à la réalité de la vie du couple fondé sur deux mouvements existentiels : l'appréhension réelle du concept amour et de la vérité du couple. Aussi, nous tenons à préciser qu'il n'est pas version bruite de notre travail de soutenance, nous avons lu et repris certaines parties afin de le rendre accessible à la jeunesse.

Par ailleurs le cheminement que nous avions fait ici avec ces philosophes est un cheminement de vie. Il n'est donc pas à penser que c'est un travail réservé aux élites philosophes mais c'est un itinéraire de vie. Ces philosophes ont éclairés notre chemin non pas de manière extrahumaine ni déconnecté mais par leurs mérites d'avoir vécu et d'avoir pensé avant nous. D'ailleurs la philosophie n'a d'intérêt que si elle reste au contact de la vie vécue, de l'expérience quotidienne, qu'elle nous aide à éclairer et à approfondir.

Dédicace

À

Tous les humains en quête du sens amoureux.

Remerciements

Mes gratitudes infinies à l'endroit :

Du Docteur Bernardin BOKO, docteur en phénoménologie, directeur du C.E.P.F, et directeur de mon mémoire de fin de ce cycle de licence en philosophie.

Au corps professoral et à l'administration du C.E.P.F Notre Dame de Lorette pour m'avoir donné l'opportunité d'acquérir des connaissances nonseulement philosophiques, mais aussi pour la vie en général.

De la congrégation des Religieux Tertiaires Capucins de notre Dame des Douleurs, en particulier de la province Louis Amigo qui a su assurer ma formation intellectuelle, humaine et spirituelle.

Du Révérend Père Hoffend Jurguen, Provincial de la Province LouisAmigo pour son attention particulière.

De la communauté Martyrs Amigoniens du Bénin pour avoir conduit mes premiers pas dans la vie Religieuse.

Du Révérend Père Jésus Maria Perez ECHECHEQUIA, mon préfet de Juniorat et ami, pour son esprit d'écoute et d'ouverture et surtout pour sonaccompagnement.

De mon Père Quentin AFIGNONZO et de ma mère Elisabeth ZINSE, pourl'amour qu'ils m'ont transmis et appris.

De mes frères Samuel, Ingrid et Charnel AFIGNONZO,

pour leur soutienet leur amour.

De Monsieur Boris Vital HOUNSA et sa communauté pour leurs échangesvirtuelles qui ont inspiré ce livre et d'autre en éditions

De mes amis et lecteurs pour leurs différents apports.

Résumé

En aliénant l'amour à une morale d'amour, voire une idéologie, définissant la bonne et la mauvaise manière d'aimer, l'élan érotique a été condamné. En effet, cette entreprise idéologique de l'amour platonique construite a mené à une réfutation de l'érotisme et à une distorsion de l'amour. Cette distorsion mêlée aux mépris de la réalité sexuelle de l'homme d'une part et du triomphe du libertinage sexuel d'autre part, est la cause des nombreux divorces que nous notons et surtout du chaos sentimental. Cette réalité se présente comme un reniement de la vérité de l'homme et, son épiphanie dresse un choc idéologique. Dès lors, repenser l'éros depuis sa conception jusqu'à sa maturation s'impose car, toute la quête de l'homme est érotique.

Mots clés : *Eros*, érotisme, vie, humanité, Jouissance, amour, couple.

Abstract

By alienating love to a morality of love, even an ideology, defining the right and the wrong way to love, the erotic impulse has been condemned. Indeed, this ideological enterprise of constructed platonic love has led to a refutation of eroticism and a distortionof love. This distortion mixed with contempt for the sexual reality of man on the one hand and the triumph of sexual libertinism on the other hand, is the cause of the many divorces that we observe and especially of the sentimental problems. This reality presents itself as a denial of the truth of man and, its epiphany raises an ideological tension. Therefore, rethinking eros from its conception to its maturation is essential because the whole quest of man (man's whole quest) is erotic.

Keywords: Eros, eroticism, life, humanity, Enjoyment, love.

Resumen

Al enajenar el amor de una moral del amor, incluso de una ideología, definiendo la forma correcta y la incorrecta de amar, se ha condenado el impulso erótico. De hecho, esta idea construida sobre el amor platónico ha llevado a una represa del erotismo y una distorsión del amor. Esta distorsión mezclada con el desprecio por la realidad sexual del hombre, por un lado, y por triunfo del libertinaje sexual por otro, es la causa de muchos divorcios que constatamos y sobre todo del caos sentimental. Esta realidad se presenta como una negación de la verdad del hombre y, su manifestación suscita un choque ideológico. Por lo tanto, repensar el eros desde su concepción hasta su madurez es fundamental porque toda la búsqueda del hombre es erótica.

Palabras claves: Eros, erotismo, vida, humanidad, gozo, amor, pareja.

Sommaire

Mots aux lecteurs iii
Dédicace v
Remerciements vii
Sommaire xiii
Introduction 1
Chapitre 1. *Eros* en aventure philosophique : du l'hymne aumeurtre érotique 11
  1.1. Hymne à l'éros 13
      1.1.1. Force psychologique de l'éros 13
      1.1.2. La jouissance amoureuse 19
  1.2. La menace érotique 22
      1.2.1. La spiritualisation de l'amour 22
      1.2.2. Saint Thomas d'Aquin et la diabolisation de l'éros 22
      1.2.3. Pascal et l'amour de charité 24
      1.2.4. La menace rationnelle de l'éros 25
      1.2.5. Descartes (1596-1650) et l'irrationalité de l'éros 25
  1.3. Du dualisme à la dualité de l'amour 28
      1.3.1. Éthique de l'amour 29

1.3.2. Levinas et le visage érotique............ 29

1.3.3. L'unicité de l'amour 32

Chapitre 2. Comte-Sponville et l'unité duelle de l'Amour 38

2.1. L'humain et l'érotisme.......................... 40

2.1.1. Ontologie érotique............................ 40

2.1.2. La jouissance désireuse................... 43

2.1.3. Erotisme et transgression 46

2.2. La réalité ternaire de l'amour............... 48

2.2.1. Eros au fondement de l'humain..... 49

2.2.2. De l'ennui à la joie d'aimer 51

2.2.3. De la joie à la douceur.................... 54

2.2.4. Le couple entre passion et vertu 56

2.2.5. La passion et le couple 56

2.2.6. L'amitié et le couple 58

2.2.7. Le couple entre état et acte............ 60

Chapitre 3. L'enjeu érotique pour la jeunesse Africaine... 64

3.1. La jeunesse face aux pièges de l'éros 66

3.1.1. Des illusions ou de la cristallisation 67

3.1.2. Hédonisme ou utilitarisme au fondement du couple........................ 71

3.2. Le sens amoureux : art d'aimer et d'être aimé 74

    3.2.1. Du jeu de la vie à un enjeu pour la vie 74

    3.2.2. De la sagesse amoureuse 77

3.3. Éducation : Paradigme pour une sagesse de l'amour 82

    3.3.1. De la crise amoureuse : éducation en péril 82

    3.3.2. Le télos de l'éducation amoureuse. 85

Conclusion 88

Bibliographie 94

Table des matières 98

Introduction

Dans son existence, l'humain est vivement en quête du bien-être. Dans cette recherche du bien-être, l'amour se révèle comme la principale cause de l'existence. Et, on ne peut pas parler du bonheur sans amour[1]. Cette quête du bien être tient l'amour comme le fondement même de la vie. Or vivre, c'est penser, philosopher. Alors, l'amour est et reste le point de mire de la philosophie. Il est même son origine[2]. En cela, Platon affirme que « l'amour est le vrai ressort de laphilosophie ». Même si dans l'éblouissement de la recherche aveugle de la connaissance, la philosophie semble oubliée ou délaissée l'amour[3], elle doit reconnaitre que l'acte d'aimer précède celui de savoir. En effet, l'amour est questionné depuis l'Antiquité et se veut encore réflexif voire très attrayant de nos jours, car il « est l'essentiel de la vie[4] ». De fait, dans l'histoire, les anciens, utilisent trois concepts grecs à savoir « ερος » « *éros* », « φιλια » « *philia* », et « αγαφέ » « *agapè* » pour parler de l'amour. Il est souvent défini comme « une inclinaison vers une personne ou même un objet considéré comme « bons » »[5],

---

[1] André Comte Sponville, Le sexe ni la mort, Albin Michel.
[2] Jean-Luc MARION, *Le phénomène érotique*, Paris, Grasset & Fasquele, 2003, p.9.
[3] *Ibid.*, p.9.
[4] Géraud AFIGNONZO, La principale, Cotonou, Immaculés éditions, 2022, p.14.
[5] Jacqueline RUSS, Dictionnaire de philosophie, Bordas, 2012, p. 17.

également c'est une force transformatrice, une réalité de feu avec laquelle il est redoutable que l'on joue[6]. Aussi, il est assimilé à une affection, à un désir désintéressé.

Dans l'histoire de la philosophie, la préoccupation de l'amour s'est posée de plusieurs manières, dans l'objectif d'une quête de bonheur, du mieux-être ; car comme le dit la sagesse anglaise : il n'y a pas de bonheur sans amour. Cependant, la question de l'amour ne fait pas l'unanimité ni chez les philosophes, ni chez ceux qui en font quotidiennement l'expérience. D'une part, la pluralité du concept désignant l'amour et d'autre part, une vision unilatéraliste du concept a ouvert le fossé de discorde. En réalité, aucune tradition, n'a pu se satisfaire des conceptions relativistes et vagues à propos de l'amour et de la sexualité. La diversité ou pluralité conceptuelle a conduit à la diversification de l'amour au point de retenir trois différentes formes d'amour qui parfois s'opposent. Plus souvent, les apôtres de l'amour ne font qu'une interprétation réductrice et unilatéraliste : soit, c'est réduit à l'*éros*, soit à la *philia*, soit à l'*agapè*. Cette réduction unilatérale ou du moins ce dualisme ou triolisme empêche de cerner ce qu'est l'amour.

---

[6] Jean GUITTON, L'Amour humain, Paris, Montaigne, 1948, p.45.

En effet, chez Platon, le concept grec qui désigne l'amour est celui de l'*éros*, et est un manque. Pour lui, l'amour est une quête, une incomplétude et l'amour véritable ne peut être comblé que par la contemplation, par-delà le beau, du vrai et du Bien. Aristote emploiera le concept *philia* pour désigner l'amitié entre l'amant et l'aimé. La tradition philosophique reprendra généralement une opposition entre l'amour-passion (*éros*) et l'amour-action (*Philia*). Avec certains penseurs du christianisme, ayant pour protagoniste Thomas d'Aquin, cette opposition sera élevée jusqu'au point où l'*éros* sera réfuté. Toutefois, notons (que le) concept « *agapè* » a été introduit par le christianisme dans le nouveau testamentet traduit l'amour de charité. Dans cet horizon, l'amour a été assimilé à une morale d'amour dictant la bonne et la mauvaise manière d'aimer.

Dans nos sociétés, la question du sens de l'amour est souvent traitée de deux différentes manières. D'une part, la conception utilitariste fondée sur le libertinage conçoit que le but de l'amour est d'éprouver du plaisir et d'être heureux. D'autres part, une conception morale pense que le but doit être obligatoirement la bienveillance, l'amour de l'autre jusqu'à la haine de soi.

En outre, avec l'entré en scène de la phénoménologie au XXe siècle, toute la pensée philosophique sera caractérisée par le « retour à la chose même », c'est à dire un retour aux phénomènes même. Ainsi tout discours philosophique doit désormais être descriptif et partir de la réalité du phénomène même. De ce fait, l'amour va connaitre une nouvelle tournure réflexive ayant pour grande vision la rupture du rubicond. En partant de l'*éros*, plusieurs phénoménologues vont reprendre la question de l'amour en rompant avec la dualité : Jean-Luc Marion parle de *l'univocité de l'amour*, Benoit XVI parle de *l'ontologie érotique*. Ces nouvelles conceptions vont permettre de réhabiliter l'*éros*. À leur suite, André Comte-Sponville entre dans cette démarche conceptuelle de voir *l'éros* dans sa forme essentielle, à partir de la réalité érotique de l'humain.

En réalité, André Comte-Sponville est né en 1952. Il est Ancien élève de l'École normale supérieure de la rue d'Ulm, il est agrégé de philosophie et docteur de troisième cycle. Ce philosophe français, fut longtemps maître de conférences à l'université Paris 1, Panthéon-Sorbonne. Il a publié une vingtaine d'ouvrages, dont un *Traité du désespoir et de la béatitude* (Puf, 1984 et 1988), un *Petit traité des grandes vertus* (Puf, 1995) et un *Dictionnaire philosophique* (Puf, 2001, réed. 2013). Ses livres sont traduits en vingt-quatre langues. Il est aussi membre du Comité consultatif national d'éthique en France. Par ailleurs, il se démarque par sa pensée de toutes les approches de ses prédécesseurs qui ont pensé « le phénomène éros ». Il propose ses réflexions sur l'amour dans toutes ses œuvres et principalement dans *Le sexe ni la mort* et *Petit traité des grandes vertus*. Il tient l'amour comme fondement du bonheur. Pour lui, il n'est pas possible de parler d'un bonheur sans l'amour, l'amour se révèlerait comme la principale cause de notre existence. Aussi, il présente l'amour au sens descriptif (phénoménologique) à l'instar des réalités existentielles dans tous ces états en tenant compte de l'humain aimé et aimant. Du coup, la sexualité de l'humain qui entre en relation n'échappe point à sa philosophie de l'amour. Sa pensée sur le phénomène « *amour* » marque une fin à l'unilatéralisme de l'Amour, du mépris de la sexualité, de tout projet d'idéalisme du concept et aussi de toute tentative de réduction de l'amour à un seul aspect. Pour lui, l'amour est unique malgré sa pluralité étymologique.

En réalité, il n'échappe guerre à personne que l'amour a perdu son sens. Même l'observateur le plus médiocre[7] de la société peut se rendre compte que le concept amour est galvaudé, fané jusqu'au point où tout «je t'aime » est susceptible de méfiance et de soupçon. Or, à en croire, l'amour

---

[7] Gad Abel DIDEH, *Sexe, Argent et Pensée*, Cotonou, CAHE / LAPHANT, 2022, p.4.

est censé faire vivre. On constate aussi qu'il est facile d'être épris d'amour pour une personne mais difficile de rester amoureux dans le couple. Faut-il vivre de passion en passion ? Pourquoi les couples ne durent-ils pas ? Comment l'africain fait-il son expérience érotique ? Quel est le déploiement érotique chez l'être africain dans le couple ? De quelle manière passe-t-on de l'amour au désamour etdu désamour à l'amour dans le couple ? Pour notre recherche, nous adopterons la méthode phénoménologique. L'importance de cette méthode pour nous est de décrire l'amour dans le couple et de tenter un éveil de conscience à la responsabilité chez l'être africain à l'égard de l'amour, source de réalisation ou d'humanisation de tout humain.

L'élaboration de notre projet se fera en trois chapitres. Dans le premier, nous présenterons d'une manière réflexive les différentes approches que les philosophes ont faites de l'*éros*. Dans le deuxième, nous allons restituer la pensée du philosophe français André comte Sponville dans son ouvrage *Le sexe ni la mort* qui n'est rien d'autre qu'une approche phénoménologique de la réalité affective, sexuelle, humaine ; du moins la réalité du couple. Enfin dans le dernier chapitre, nous tenterons d'éveiller tout amant ou tout aimé sur les pièges probables de l'*éros*, en indiquant un chemin pour une sagesse de l'amour, tout en ressortant notre idée d'une éducation amoureuse visant le bonheur, la réalisation de l'amant et de l'aimé africain.

Chapitre 1. *Eros* en aventure philosophique : du l'hymne au meurtre érotique

L'objet de notre travail dans ce chapitre est de présenter d'une manière réflexive, les différentes approches que les philosophes ont faites de l'*éros*. Le but d'un tel travail est de révéler les points convergents et divergents d'un auteur à un autre ou d'une époque à une autre dans l'histoire de la philosophie.

1.1. Hymne à l'éros

Il est question ici, de présenter les conceptions philosophiques des auteurs comme : Socrate, Platon, Aristote, Schopenhauer, et Spinoza sur l'amour tout en mettant à l'aune l'idée hymnaire de l'éros. Une telle approche vise essentiellement à ressortir l'ardeur érotique de manque d'une part et sa jouissance d'autre part. Il ne s'agira pas seulement de parler de l'éros mais du « philia » qui, désigne également amour chez les Grecs anciens.

1.1.1. Force psychologique de l'éros

Platon et Schopenhauer sont les apôtres du manque érotique, du moins de sa forcecomme recherche.

❖ **Platon et le parcours érotique**

Pour parler de l'amour, le concept qu'utilise l'auteur du *Banquet* est le thème grec « éros ». Et bien pour lui, l'éros ne signifie pas sexe mais amour. L'éros, « c'est le désir de la passion éternelle, ce désir de s'unir avec l'être aimé, de se fondre en lui, de façon à ne faire qu'un seul au lieu de deux[8] ». Ainsi, l'amour est une incomplétude, une quête et une absence. À cet effet, Platon insinue que l'amour est désir et que le désir est manque[9]. C'est-à-dire que « l'amour aime ce dont il manque, ne possède pas[10] ». De plus, « ce qu'on n'a pas, ce qu'on n'est pas, ce dont on manque, voilà les objets du désir et de l'amour »[11]. L'amour est donc incomplétude, quête et pauvreté dévorante[1212], en ce sens qu'on aime que ce qu'on désire, et on désire que ce qui manque. On peut donc comprendre avec Platon que la vérité de la passion réside dans la vérité de l'absence. De ce fait, la présence tue la passion amoureuse, l'éros. Cependant, même si pour Platon, l'éros est la passion amoureuse, cette passion a des degrés ascendants. Au total, il énumère six degrés de l'éros.

En réalité, les beaux corps, sont plus faciles à désirer. Il s'agit de l'amour sensuel, le plus bas degré. Il faut donc monter au deuxième degré qui est un peu plus exigent que le premier. Il

---

[8] Platon, *Banquet*, 192 d-e.
[9] *Ibid.*, p. 200 a-e.
[10] *Ibid.*, p. 201 a-b.
[11] *Ibid.*, p. 200 e.
[12] André COMTE SPONVILLE, Le sexe ni la mort, Paris, Albin Michel, 2012, p.56.

s'agit de l'amour de tout beau corps. Il convient à aimer la beauté plus que la possession, la contemplation plus que le coït, la jouissance esthétique que la jouissance sexuelle. On passe en effet d'un amour sensuel à un amour esthétique. Le troisième degré est l'amour des belles âmes, c'est-à-dire que, pour Platon, il faut considérer la beauté des âmes comme plus précieuse que celle des corps, en sorte qu'une belle âme, même dans un corps médiocrement attrayant peut-être objet d'amour[13]. Il s'agit toujours de l'éros mais spiritualisé : on est passé de l'esthétique à l'éthique. Dans le quatrième degré il faut l'amour de la beauté des belles actions et des lois. S'ensuit, l'amour de la beauté de la connaissance, de la vérité, de la raison : c'est le cinquième degré. Le sixième et dernier degré consiste à aimer la beauté elle-même, la beauté éternelle et absolue. En d'autres termes, c'est aimer le beau en soi. Et c'est ici que se réalise la plénitude de l'éros :

> Celui qu'on aura guidé jusqu'ici sur le chemin de l'amour après avoir contemplé les belles choses dans une gradation régulière, arrivant au terme suprême, verra soudain une beauté d'une nature merveilleuse, celle-là même qui était le but de tous

---

[13] Platon, *Banquet,* p. 210 b-c.

les travaux antérieurs, beauté éternelle[14].

De cette manière, chez Platon, il n'est pas question que l'éros renonce à toute satisfaction sexuelle tel qu'on le pense dans l'usage de l'expression de « l'amour platonique ». C'est-à-dire que la sexualité n'est pas mauvaise mais plutôt l'intempérance. Ainsi, l'amour passe par le désir sexuel sans s'y réduire. De plus, sa logique d'« éros » a essentiellement pour objectif d'élever l'humain de manque en manque. Du moins, de l'amour facile à l'amour plus haut et noble : on peut donc parler d'un itinéraire amoureux. Ce parcours initiatique amoureux est un chemin de manque qui ne désire, et, n'aime que ce qui est absent. Voilà que le couple n'est point absence mais présence. Et si l'amour est continuellement manque et que le couple est une perpétuelle présence, peut-on parler d'amour dans le couple ? Platon insinue que l'absence est d'une nécessité pour l'éros or le couple est le lieu où l'objet aimé est toujours présent. Est-ce pour cela que Montaigne pense que « le mariage est une case ainsi faite que les oiseaux qui s'y trouvent, n'ont qu'une idée celle d'en sortir ; ceux de l'extérieur n'ont qu'une idée, celle d'y entrer ». Lorsque

---

[14] *Ibid.*, p. 210 e-211 b.

l'amant ne manque plus, qu'en est-il ? Est-ce le désamour ?

❖ Schopenhauer (1788-1860) et la force psychologique del'amour

Chez Schopenhauer, on retrouve également l'amour comme passion, « éros » mais cet « éros » schopenhauerien est indissolublement lié à l'instinct sexuel[15], en ce sens que tout amour vise la procréation. Il pense en effet, que l'amour est une ruse de la nature dont la finalité est la conservation du type de l'espèce. Dans cette perspective, Schopenhauer pense que l'éros est au service de l'espèce et non de l'individu. De fait, sa conception de l'éros est instinctive et sacrificielle. Il pense que l'humain « sacrifie le bonheur de toute sa vie par un mariage insensé »[16]. De cette façon l'éros chez Schopenhauer agit sur la volonté propre et prend la forme d'une illusion[17]. En effet, c'est au nom de cette illusion que l'individu estime qu'il serait heureux une fois en possession de tel ou tel individu qu'il désire. Il parle d'une illusion voluptueuse qui inspire de ferme conviction à l'amant que tel individu est le seul dont la procréation puisse lui procurer le bonheur. Ce qui n'est point vrai. Et c'est justement en cela que la passion est succédée

---

[15] Arthur, SCHOPENHAUER, Métaphysique de l'amour, éd Les échos du maquis, 2011, p.7.
[16] *Ibid.*, p.8.
[17] *Ibid.*, p.10.

toujours de déception et de la possession[18].

Aussi, il soutient que l'amour est manque en ce sens que dans sa conception, l'individu tombe amoureux d'une personne qui a des avantages dont lui ne dispose pas. Le choix de tel ou tel individu par l'amant est prédisposé par le manque des avantages en sa faveur dont il est dépourvu[19]. De fait, il tombe amoureux de l'autre à cause de ce qu'il a et qui lui manque. On peut parler de la force psychologique de l'amour. Cette force psychologique s'inscrit toujours dans la perspective de l'amour comme manque, absence. Le bien aimé est donc cette personne qui a des avantages dont l'amant a besoin pour être comblé. L'amour est donc la quête de cette personne qui comble le manque. De toute façon, l'éros n'est pas l'amour du sexe mais plutôt le manque dévorant de l'autre, la possession, la passion.

---

[18] *Ibid.*, p.15.
[19] *Ibid.*, p.22.

1.1.2. La jouissance amoureuse

En parlant de l'idée de l'amour comme joie, nous aurons à découvrir Aristote et Spinoza.

❖ **Aristote et la joie d'aimer**

Le disciple de Platon, en voulant décrire l'amour du couple n'écrit pas « éros » mais « philia »[20]. Il se démarque de son maitre ou le surpasse en clarifiant le bienaimé non pas comme un objet de manque mais objet d'une réalité présente. Le « philia » peut être traduit explicitement en français comme amitié mais c'est en effet l'amour de tout ce qui ne manque pas[21]. C'est l'amour de celui ou celle qui est là, qui est l'amant et non l'amoureux.

Dans l'*Ethique à Eudème* il écrit que « aimer, c'est se réjouir[22] ». L'amour n'est plus, donc manque mais réjouissance, avec un plaisir de l'amitié. De ce fait, le stargirite parle de la joie[23] qu'apporte l'amour à l'amant et au bien aimé. Ainsi, l'amour aristotélicien est cet amour dans lequel le désir,

---

[20] Aristote, Ethique à Nicomaque, VIII, 14, 1162 a, trad. R.A Gauthier et Y. JOLIF, Bruxelles Nauwelaters, 1970.
[21] André COMTE SPONVILLE, Le sexe ni la mort, Paris, Albin Michel, 2012, p.82.
[22] Aristote, Ethique à Eudème, VII, 2, 1237 a.
[23] *Ibid.*, b.

le manque et la passion ont laissé place à l'empathie, à la réversibilité, à l'échange et à l'entente tacite, au contrat de mutuelle assistance, de partage où la possession égoïste est bannie. Cette conception du Stagirite n'est plus l'amour prédateur, possessif, déchirant, passionnel. Il s'agit du moins d'une amitié maritale selon Montaigne[24].

Cependant, cette amitié maritale, cet amour sans passion, sans manque ne provient-il pas d'un désir ? C'est en effet ce qu'Aristote ne nous a pas expliqué. Il nous faut pencher du côté d'un autre philosophe qui peut éclairer notre parcours amoureux.

❖ **Spinoza et la jouissance amoureuse**

Spinoza quant à lui, comprend l'amour comme désir mais pas comme manque. Pour lui, « le désir est l'essence même de l'homme »[25], donc force qui meut et émeut l'humain dans la persévérance de son être et de son existence. Le désir est donc puissance d'exister, de jouir et de se réjouir[26]. Il est question d'une puissance qui ne manque pas mais qui rend la jouissance possible. Ainsi, le désir est puissance et l'amour est joie. C'est en cela qu'il pense que « l'amour est une joie

---

[24] Michel de MONTAIGNE, Essais, III,9, p.975.
[25] Baruch SPINOZA, Ethique, III, définition 1 des affects.
[26] *Ibid.*, p. 6-12.

qu'accompagne l'idée d'une cause extérieure[27] ».

De ce fait, aimer c'est se réjouir de la vie, de l'existence, de l'autre ; de sa présence, de son don. C'est le fait que l'idée même de l'existence de l'aimé est la cause de la joie de l'amant. Le bien aimé, devient donc source de joie, de jouissance et de réjouissance pour l'amant. Par conséquent, une déclaration amoureuse spinoziste serait « la principale cause de ma joie, c'est que tu existes[28] ». Il est donc aisé de comprendre que l'amour n'est pas désintéressé en ce sens que l'être aimé est celui qui comble le désir amoureux. Et même, ce dernier est déterminé par la recherche de l'utile dans la conservation de son être. Ce serait donc pour cette raison qu'Alain estime qu'aimer, c'est trouver sa joie hors de soi. L'amour se laisse ainsi découvrir comme un phénomène qui propulse la conditionde l'humain. C'est une force d'âme pour l'amant qui éclaire de sa joie l'être aiméet s'illumine en retour de la joie de ce dernier. En effet, l'amour devient le fil d'ariane qui permet à l'humain de passer de sa nature naturée à une nature naturante. C'est-à-dire que l'être aimé n'est plus aimé en soi et pour soi mais en tant que médiation d'intensité et de

---

[27] *Ibid.*, p. 6.
[28] André COMTE SPONVILLE, Le sexe ni la mort, Paris, Albin Michel, 2012, p.82.

connaissance ouvrant l'amant à l'amour de latotalité.

1.2. La menace érotique

En marge de ces conceptions philosophiques qui d'une manière ou d'une autre font l'apologie de l'éros, il y a eu dans l'histoire de la philosophie d'autres doctrines qui ont rendu foncièrement l'amour en un dualisme. Ces doctrines ont dans leurs approches, absolutisées des différences entre deux amours d'une part et d'autre part donnée du venin à l'éros. Cependant, on peut retrouver deux formes de menaces : la menace d'ordre spirituel et celle rationnelle.

1.2.1. La spiritualisation de l'amour

Deux grands penseurs sont mis en lumière ici : il s'agit de Thomas d'Aquin et de Blaise Pascal.

1.2.2. Saint Thomas d'Aquin et la diabolisation de l'éros

Dans sa philosophie, Thomas d'Aquin aborde la question de l'amour dans ses principaux textes sur la morale. Pour lui, l'amour est l'une des passions concupiscibles. En effet, tout en reprenant la conception aristotélicienne selon laquelle aimer, c'est vouloir du bien de quelqu'un, l'auteur de la Somme théologique distingue deux types d'amour : l'amour de concupiscence et l'amour d'amitié. Amour de concupiscence, compris comme amour sensuel, éros, a pour objet le beau et l'amour d'amitié, étant l'amour spirituel a pour objet le bien[29]. Dans cette division, le moraliste chrétien oppose deux types d'amour et soutient la condamnation de l'amour concupiscible pour l'éloge de l'amour de bienveillance. Pour lui, l'amant est quotidiennement déchiré entre la possession de l'aimé pour son propre bien et la recherche du bien pour l'amant. Dans cette déshérence, l'aimant doit pouvoir fuir la tendance érotique pour celle de l'« agapologie ». La passion amoureuse est donc à bannir, à fuir, à rejeter. Elle est assimilée au péché au point où, elle serait égocentrique : c'est l'idée d'un « amour platonique ».

De fait, le docteur angélique conçoit l'éros comme un désir, une passion concupiscible, un manque. En effet, si l'objet que l'amant aime le manque, cela suscite en lui une tendance vers l'objet (aimé) et cette tendance est le désir. Et si son désir trouve satisfaction, il éprouve alors le plaisir. Donc on a un enchaînement dans le domaine du concupiscible entre ces trois passions : une passion fondamentale qui est l'amour ; puis le désir qui est la tendance vers le bien aimé qui manque ; et enfin le plaisir qui est la satisfaction de la conquête dece bien

---

[29] Etienne GILSON, Thomas d'Aquin, Textes sur la morale, J VRIN, 2011, p. 117.

désiré et aimé, et qui est atteint.

Toute la pensée de Thomas d'Aquin, est un projet de réduire l'amour à l'agapè, àla bienveillance, à l'altruisme. Il est question d'un meurtre de l'éros ; et de la spiritualisation de l'amour ou du moins, de sa divinisation. De près, l'amour a pour objet le divin, Dieu même. Et de cette manière, l'amour ne peut en aucun casêtre passion mais action, recherche de bien, exercice de charité, de miséricorde. C'est la culture d'un amour sans mesure, sans attente d'une part, et la diabolisation de l'éros d'autre part.

1.2.3. Pascal et l'amour de charité

Dans la philosophie pascalienne, on ne trouve pas une définition explicite de l'amour. Cela serait dû au fait qu'il classe l'amour dans les « mots primitifs » qu'on ne peut définir mais « dont la nature nous a elle-même donné, sans parole,une intelligence plus nette que celle que l'art nous acquiert par nos explications »[30]. Cependant, chez Pascal, on retrouve deux amours comme chez Saint Augustin : l'amour de soi jusqu'au mépris de Dieu et l'amour de Dieu jusqu'au mépris de soi. Le premier est la cupidité et le second est la charité dont l'objet

---

[30] Blaise PASCAL, De l'esprit géométrique, Paris, éd Flammarion, 2003. p.350 b.

est Dieu. De ce fait, l'homme est tiraillé entre deux amours, deux principes :

> Car il y a deux principes qui partagent les volontés des hommes : la cupidité et la charité.Ce n'est pas que la cupidité ne puisse être avec la foi en Dieu et que la charité ne soit avec les biens de la terre ; mais la cupidité use de Dieu et jouit du monde, et la charité au contraire[31].

Par cette filiation augustinienne pascale dissocie deux types d'amour et absolutise les différences : amour de cupidité et amour de charité. De toute manière, la passion amoureuse est égoïste, tournée vers soi-même. Il faut ainsi tendre à la charité. C'est en fait, la dialectique chrétienne. En effet, la charité est tournée vers Dieu car, le Dieu pascalien est un Dieu d'amour, un Dieu « sensible au cœur[32] ».

1.2.4. La menace rationnelle de l'éros

La souffrance de l'éros ici, n'est pas issue d'un venin spirituel mais d'un venin rationnel. Le protagoniste d'une telle approche est Descartes.

1.2.5. Descartes (1596-1650) et l'irrationalité de l'éros

Le père du *cogito* traite de la question de l'amour dans

---

[31] Blaise PASCAL, Pensées, Paris, éd Flammarion, 2011, p.501-659.
[32] *Ibid.*, p.424.

son traité *Les passions de l'âme*[33]. Dans ce livre, il traite essentiellement de la question du corps et de l'âme.en effet, Descartes, cherchait à comprendre la question des sentiments tel que l'étonnement, l'admiration, l'amour, la haine, etc... Pour lui, la morale définitive aura pour objet la connaissance des passions de l'âme. Il n'est plus question de rattacher la question à un être divin mais à la raison.

Par ailleurs, à son entendement, il comprend l'amour comme une passion primitive de l'âme. Il l'entend comme : « une émotion de l'âme causée par le mouvement des esprits, qui l'incite à se joindre de volonté aux objets qui paraissent lui être convenables »[34]. De cette façon, l'amour conserve une dimension philosophique dépassant de très loin l'aspect empirique du sentiment.Il laisse entrevoir ainsi, la rationalité de l'amour qui est sa tendance vers ce qui lui est convenable. C'est donc en estimant que l'aimé est bon pour lui, que l'amant l'aime. Et si tel serait le cas, ce n'est pas parce que l'amant aime l'aimé qu'il l'estime bon mais c'est parce qu'il l'estime bon qu'il l'aime. De fait, chez Descartes, l'amour comme la haine sont des passions de l'âme qui dépendent du corps, tant des jugements qui portent aussi l'âme à se joindre de volonté

---

[33] René DESCARTES, Les passions de l'âme, Paris, Flammarion, 2011.
[34] *Ibid.*, p. 79.

26

avec les choses qu'elle estime bonnes[35]. L'amour est donc choix du bon pour soi. De plus, l'amour est idée de complémentarité et de complétude chez lui. En fait il ne considère par l'amour comme désir au sens de Spinoza ou de Platon même s'ils's'accorde avec eux comme recherche. À le lire, le désir serait une autre passion en dehors de l'amour. Il écrit :

> Au reste, par le mot de volonté, je n'entends pas ici parler du désir, qui est une passion à part et se rapporte à l'avenir ; mais du consentement par lequel on se considère dès à présent comme joint avec ce qu'on aime, en sorte qu'on imagine un tout duquel on penseêtre seulement une partie, et que la chose aimée en est une autre[36].

Aussi, il refuse de séparer l'amour concupiscence de l'amour de bienveillance. Déjà avec lui, l'intuition de retrouver l'amour en une seule tunique trouve place. En outre, il veut clarifier l'essence de l'amour et son effet. Il convient de distinguer l'essence et effet :

> Mais il me semble que cette distinction regarde seulement les effets de l'amour, et non point son essence. Car sitôt qu'on s'est joint de volonté à quelque objet, de quelque naturequ'il soit, on a

---

[35] *Ibid.*, p. 79.
[36] René DESCARTES, *Les passions de l'âme*, Paris, Flammarion, 2011, p.80.

pour lui de la bienveillance, c'est-à-dire on joint aussi à lui de volonté leschoses qu'on croit lui être convenables : Ce qui est un des principaux effets de l'amour. Et si on juge que ce soit un bien de le posséder ou d'être associé avec lui d'autre façon que de volonté, on le désire : Ce qui est aussi l'un des plus ordinaires effets de l'amour[37].

Cependant, dans la conception cartésienne, les passions sont naturellement confuses et font obstacles à la recherche de la vérité. Ainsi, il convient de rendre rationnelle les passions. C'est-à-dire, que pour Descartes, il faut modérer l'amour par la raison dans l'intérêt. C'est de cette manière que l'éros est réfuté comme irrationnelle. Dans ce mouvement, l'amour doit se soumettre aux exigences de la raison. Cette volonté cartésienne constituant la primauté de la raison ou mieux encore le fétichisme de la raison et de l'intérêt n'a pas pu permettre le déploiement proprement dit du phénomène à l'ère de la modernité.

1.3. Du dualisme à la dualité de l'amour

L'échec des doctrines meurtrières de l'éros a conduit à l'exaltation de l'éros. De fait, ni le meurtre érotique, ni son

---

[37] *Ibid.*, p.81.

exaltation n'ont permis de cerner l'épiphanie érotique. C'est-à-dire que la conception dualiste de l'amour a empêché ou freiné l'élan de la manifestation érotique. Dans cette perspective, à l'ère de l'avènementde la phénoménologie, elle ira à la rencontre du phénomène amour pour tenter son déploiement. Il est question ici de découvrir quelques courants contemporains qui ont abordé l'amour par la méthode phénoménologique : Levinas, Luc Marion et Benoit XVI sont mis en évidence. Mais dans cette vision phénoménologique, l'amour se dit dans deux courants : unicité de l'amour et éthique de l'amour.

1.3.1. Éthique de l'amour

Ici, il est essentiellement question d'aborder le phénomène amour dans le rapportà autrui. Levinas en est le protagoniste.

1.3.2. Levinas et le visage érotique

Dans son approche du rapport à autrui, Levinas ne reste pas indifférent à la question de l'éros et de l'amour. Même si, quelques fois, il semble confondre l'érotisme à l'essence proprement dit de l'éros, ce dernier n'est pas sous estimabledans la conception de l'amour. En fait, l'éros tient lieu de l'équivoque par excellence de l'amour sans l'épuiser. (À) juste titre, l'amour ne révèle ni d'un langage érotique ni de celui spirituel mais d'une contradiction entre jouissance et désir transcendant. Il faut concéder que la philosophie levinassienne tient l'amour comme relation à autrui. Et s'il en est ainsi, il ne peut qu'être une réduction immanente, un dépouillement transcendantal pour une quête, quête de l'âme sœur, d'un être qui vient combler, d'un visage qui permet le retour à soi[38].

De plus, chez Levinas, l'amour est *trans-visage* ; au-delà du visage donc au-delàdu rapport éthique à autrui. À ce propos lui-même écrit :

> Mais l'amour va au-delà de l'aimé (visage de l'Autrui). Voilà pourquoi à travers le visage filtre l'obscure lumière venant d'au-delà du visage, de ce qui n'est pas encore, d'un futur jamais assez futur, plus lointain que possible[39].

En ce sens, l'amour transcende le visage de l'aimé pour le rejoindre dans sa faiblesse, dans son obscurité, dans sa vulnérabilité. Cette rencontre de l'aimé au-delà du visage n'est pas pour son anéantissement mais pour son secours et son

---

[38] 38 Emmanuel LEVINAS, Totalité et infini, Essai sur l'extériorité, Martinus Nijhoff, 1971, p. 285.
[39] *Ibid.*

relèvement. Il est question de l'épiphanie de l'aimé.

L'amour lévinassien est issu du débauché de son altériologie. Ladite conception ne peut donc être dissoluble de l'altérité lévinnassienne, de la relation à autrui. De cette manière, l'amour transcende et va vers autrui. Il est béatiquement relation avec le visage de l'autre présence. Il dit ceci : « L'amour, reste un rapport à autrui, virant en besoin, et ce besoin présuppose encore l'extériorité totale, transcendante de l'autre, de l'aimé. Mais l'amour va au-delà de l'aimé[40]».

Dans cet élan de la pensée, l'altérité lévinassienne ne prétend pas dissoudre la vitalité du besoin de l'amant dans son rapport à l'aimé. Le visage de l'aimé qui ne cesse de réclamer « ne me tue pas », vient satisfaire un besoin en attente chez l'amant. En cela, l'aimé n'est plus seulement le prochain envers qui l'amant tientune responsabilité mais est aussi objet de jouissance de ce dernier. C'est-à-dire que l'aimé est objet de jouissance sans que sa dignité et son altérité ne s'effondrent. En amour, l'être aimé n'est donc ni un moyen, ni une fin mais plutôtêtre moyen-fin. C'est-à-dire que l'idée de jouissance et de l'altérité vont de pair. En raison de cela il dit :

La possibilité pour Autrui d'apparaître comme

---

[40] Emmanuel LEVINAS, Totalité et infini, Essai sur l'extériorité, Martinus Nijhoff, 1971, p. 285.

objet d'un besoin tout en conservant son altérité, ou encore, la possibilité de jouir d'Autrui, de se placer, à l'égard de l'interlocuteur qui, à la fois, l'atteint et le dépasse, cette simultanéité du besoin et du désir, de la transcendance, tangence de l'avouable et de l'inavouable, constituent l'originalité de l'érotique qui, dans ce sens est l'*équivoque* par excellence[41].

1.3.3. L'unicité de l'amour

Luc Marion et Benoit XVI sont illustrés comme apôtre d'une telle approche

1.3.3.1. Luc Marion et le phénomène érotique

Marion, aborde la question de l'amour tout en insinuant l'incapacité qu'a connue la philosophie sur ce dernier. Il parle d'une absence de concept et d'une déchirante entre les contraires de l'amour par cette dernière. De là, il s'intéresse à décrire le « phénomène » amour dans son horizon propre, celui d'un amour sans l'être à partir de sa propre expérience amoureuse. À cet effet, il écrit : « Sans un concept, chaque fois

---

[41]*Ibid.*

que nous prononçons le mot « amour » ou nous dévidons des « mots d'amour) », nous ne savons littéralement ce que nous disons...⁴² ».

Pour ce fait, le phénoménologue pense qu'il faut maintenir indivisée aussi longtemps que possible l'unique tunique de l'amour. C'est-à-dire qu'il faut mettre fin au règne du dualisme érotique pour une unicité érotique. De cette manière, il est aisé de comprendre que la philosophie de Marion tente une réconciliation entre les contraires de l'amour afin de pourvoir retrouver l'essence même du phénomène tel qu'il se laisse voir. L'amour n'est donc plus disloqué en pôle mais plus tôt se dit en un *sens unique*⁴³.

Une telle approche marque la fin du dualisme et l'annonce de l'aurore d'une unité érotique. De plus, elle rétablit l'éros et le ressuscite parce que son déni constituait un chaos mortifère pour l'amour. En cela, « le concept amour doit pouvoir rendre une rationalité à tout ce que la pensée érotique disqualifie comme irrationnel et rivale à la folie... »⁴⁴. C'est-à-dire qu'il conteste tout verdict selon lequel l'amour dérive de

---

⁴² Luc MARION, Le phénomène érotique, Paris, éd Grasset Fasquelle, 2003, p.14
⁴³ Luc MARION, Le phénomène érotique, Paris, éd Grasset Fasquelle, 2003, p.15.
⁴⁴ *Ibid.*

l'égo et est une passion irrationnelle et maladive⁴⁵. Il soutient que l'amour ne relève pas d'une déraison. En effet, pour Luc Marion, ce n'est pas l'amour qui méprise la raison mais c'est la raison qui se dérobe à lui. C'est pour ce fait que l'amant manque de trouver des raisons d'aimer. « Il ne s'agit pas d'une impuissance de l'amant à trouver des raisons, d'un manque de raisonnement ou de bon sens, mais d'une défaillance de la raison elle-même à rendre raison de l'initiative d'aimer⁴⁶. » Il parle ainsi du principe de *raison insuffisante*.

1.3.3.2. Benoit XVI et l'ontologie érotique

La question de l'amour a été proprement abordée par le pape émérite Benoit XVI dans son encyclique *Deus Caritas est*⁴⁷.Cette question est fondamentale dans sa pensée en prenant un envol problématique : l'amour est-il enfin de compteunique ? Tout en évoquant le problème de langage dans l'usage conceptuel de l'amour il souligne que le concept est galvaudé. En effet, il reconnait la diversité de sens que renferme le concept.

En s'appuyant sur la Grèce antique, il définit l'éros comme l'« amour entre homme et femme, qui ne nait pas de la

---

⁴⁵ *Ibid.*, 4ème de couverture.
⁴⁶ *Ibid.*, p. 137.
⁴⁷ Benoit XVI, Deus Caritas est, éd Saint- Augustin Afrique, Lomé, 2017.

pensée ou de la volonté mais qui ainsi s'impose à l'être humain »[48]. De cette façon, l'éros peut être compris comme de l'ordre de la nature humaine : « l'éros est comme enraciné dans la nature mêmede l'homme »[49]. Il s'agit en outre que l'homme est ontologiquement érotique. On parle ainsi d'une ontologie érotique. Toutefois, cet éros ne doit pas être rabaissé simplement au sexe. De plus il écrit que « (…) L'amour entre homme et femme, dans lequel le corps et l'âme concourent inséparablement et dans lequel s'épanouit pour l'être humain, une promesse de bonheur qui semble irrésistible, apparait comme l'archétype de l'amour par excellence…[50] ».

Il tente en effet, de célébrer l'éros en le tenant comme lieu de partage, de communion indissoluble du corps et de l'âme, lieu de communion du corps et del'âme jadis séparé par la conception chrétienne. Il n'est plus question dans cette conception de séparer le corps de l'âme. En ce sens, il écrit que le corps et l'âmefont partie de l'homme et que c'est ce dernier qui aime : « C'est seulement lorsqueles deux (corps et âme, éros et agapè) se fondent véritablement en une unité que l'homme

---

[48] *Ibid.*, p. 20.
[49] *Ibid.*, p. 37.
[50] Benoit XVI, Deus Caritas est, éd Saint- Augustin Afrique, Lomé, 2017. p.20.

devient pleinement lui-même[51] ».

De ce fait, l'éros à lui seul ne saurait suffire au bonheur de l'homme, il lui faut donc une purification, une maturation ascendante pouvant catalyser sa pleine réalisation. Il ne s'agit ni de détruire l'éros, ni de se limiter à lui mais de faire un parcours de transformation. Il s'agit d'un processus qui est constamment en mouvement, toujours dynamique parce que « l'amour n'est jamais achevé ni complet, il se transforme au cours de l'existence, il mûrit et c'est justement pour cela qu'il demeure fidèle à lui-même ».

André comte Sponville, entre dans cette ligne de la méthode phénoménologique. Cependant, en partant de trois concepts de l'amour (éros, philia, agapè), il relativise la valeur de ces trois concepts dans la description de l'unique réalité qu'est l'amour. En fait, ces trois concepts ne correspondent pas à trois essences séparées, car on ne peut pas absolutiser le réel. Ce sont plutôt trois moments ou trois formes de l'amour, trois pôles du champ pluriel et complexe de la réalité, de l'expérience amoureuse. Dans l'expérience, les trois formes d'amour s'entremêlent, et c'est cette réalité que le philosophe français essaye de retranscrire à l'aide de concepts. De l'amour

---

[51] *Ibid.*, p.24.

passionnel à l'amour comme joie, et jusqu'à l'amour universel, le philosophe réussit à donner une image concrète de l'amour dans le couple. Qu'est-ce que la passion ? Qu'est-ce que le couple ? C'est dans l'idée de répondre à ces questions que s'inscrit le deuxième chapitre.

Chapitre 2. Comte-Sponville et l'unité duelle de l'Amour

En partant de Platon, Aristote, Spinoza, Schopenhauer et Simon Weil d'une part, de Montaigne, Nietzche, Feuerbach et Kant d'autre part ; Sponville va montrer que le sexe et l'amour sont des problèmes pour l'humain et qu'il faut les affronterou les surmonter, sans les confondre, ni les réduire l'un à l'autre. De ce fait, en considérant l'homme comme un animal érotique, il élabora une philosophie sur le sexe et l'amour dans laquelle le dualisme est combattu. En effet, dans cette deuxième partie de notre travail, notre projet est de restituer la pensée du philosophe français André Comte Sponville dans son livre *Le sexe ni la mort* quin'est rien d'autre qu'une approche phénoménologique de la réalité affective, sexuelle, humaine ; du moins la réalité du couple.

2.1. L'humain et l'érotisme

En abordant la question de l'érotisme, Comte-Sponville l'assigne à l'humain touten faisant une approche descriptive.

2.1.1. Ontologie érotique

Au regard de l'humain, il est aisé de comprendre avec Sponville que sa réalité anthropologique et phénoménologique est ontologiquement érotique. C'est-à-direque l'érotisme est collé à l'humain. Malgré toute tentative de nier cette réalité humaine et tout l'effort constant de la culture, de la religion ;

l'humain reste et demeure érotique : « nous restons des animaux, quelque chose en nous précède la culture, et lui résiste, et la contient, et en joue[52] ». C'est-à-dire que l'érotisme estde la nature de l'humain[53] et cette nature demeure d'une manière ou d'une autre dans l'humain. C'est sûrement la reconnaissance d'une telle vérité qui pousse Freud a parlé de sublimation.

En d'autres termes, cet érotisme est assumé par le « ça » freudien ou autrement parle corps humain qui est le présent du passé hérédité[54]. Or, toute humanité suppose corps, âme ou esprit[55]. C'est-à-dire que toute âme ou tout esprit nécessite un corps.De cette manière, Sponville souligne que « le dualisme, même métaphysiquement infondé, n'est pas sans quelques vraisemblances psychologiques »[56]. Cette assertion Sponvillène est déjà annoncée par Diderot lorsque ce dernier écrivait : « il y'a un peu de testicule, ou un peu de saloperie dans nos sentiments les plus sublimes ou les plus délicats[57] ».

---

[52] André COMTE SPONVILLE, Paris, Le sexe ni la mort, Albin Michel, 2012, p. 239.
[53] *Ibid.*, p. 162.
[54] *Ibid.*, p. 240.
[55] *Ibid.*, p. 165.
[56] *Ibid.*, p. 240.
[57] Dénis DIDEROT, Lettre à Damaville du 3 novembre 1760, V, 1997, p.297.

Du coup, il est vraisemblable qu'il y'a de la corporéité dans toute production d'âme ou d'esprit. À cet effet, il faut souligner qu'il y'a du désir érotique dans tout amour et de l'animalité dans toute humanité[58]. C'est-à-dire qu'en tout amour, il y a de l'érotisme. Ce serait donc un appel de Sponville à reconnaitre avec Pascal que l'homme n'est ni ange ni bête. La sexualité est de cette manière le phénomène qui rappelle à l'homme sa vraie identité : homme-animal. De fait, l'érotisme se déploie dans cette dualité que l'homme est, qui le traverse, qui le constitue, qui le déchire, parfois, il en joue et en jouit[59]. Ainsi, « l'érotisme est le propre de l'homme non certes le seul, mais le plus intime, le plus troublant, le plus fort, bien souvent, presque toujours le plus délectable[60] ». De plus, « L'homme est un animal érotique : le seul peut être qui fasse l'amour tant que cela ne se réduit ni au coït nià l'orgasme, le seul qui mette le désir plus haut que le plaisir[61] ». Certes, l'érotismeà avoir avec les plaisirs de la chair. Mais il n'est d'érotisme que pour l'esprit[62].

---

[58] André COMTE SPONVILLE, Paris, Le sexe ni la mort, Albin Michel, 2012, p. 240.
[59] *Ibid.*, p. 240.
[60] *Ibid.*, p. 241.
[61] *Ibid.*, p. 245.
[62] *Ibid.*, p. 232.

2.1.2. La jouissance désireuse

Chez Sponville, l'érotisme n'est pas seulement fondé sur la jouissance mais fondamentalement sur le désir. C'est-à-dire qu'il faut rompre avec toute conception qui limite l'art érotique au plaisir pour une dynamique relationnelle, pour un érotisme de relation à l'autre, d'ouverture, d'altérité. Autrement, l'érotisme est vécu dans une relation au désir de l'autre[63], dans la réciprocité. Onpeut parler de jouir, de désirer, ou d'être désiré plus tôt que désirer jouir[64]. En ce sens, Sponville écrit :

> L'érotisme, c'est l'activité sexuelle d'un et ou de plusieurs êtres humains, en tant qu'elle se reprend elle-même pour but. Ce qui suppose qu'elle vise autre chose que la reproduction, cela va de soi, mais aussi autre chose que la jouissance de l'orgasme (laquelle marque *son terme,* bien souvent, point son *but*)[65].

À cet effet, le but érotique n'est pas la jouissance, pas l'orgasme mais la joie du désir. L'érotisme est donc au-delà du plaisir, de l'orgasme et est l'élan de vitalitéde la quête, du désir de l'aimé. Du fait,

L'érotisme est moins un art de jouir, en ce sens,

---

[63] Ibíd., p. 236.
[64] Ibíd., p. 236.
[65] Ibíd., p. 236.

qu'un art de désirer, et de faire désirer, jusqu'à jouir du désir même - le sien, celui de l'autre - pour en obtenir une satisfaction plus raffinée ou plus durable. C'est s'aimer soi-même désirant, et l'autre, tellement désirant[66].

Il s'agit en effet, de moins jouir et de désirer plus ; de l'art de faire durer le désir. C'est-à-dire qu'il est question de maintenir la tension érotique qui est une relation au désir de l'autre. Du coup, l'érotisme est au service de la pulsion de vie[67]. Car, toute joie est confirmation de soi, tout plaisir est manifestation de force, est énergie[68]. De plus, si l'orgasme était le but ou du moins la finalité de l'érotisme, la masturbation suffirait parce qu'elle est le chemin le plus court. Or, nul ne préférait celle-ci, s'il avait la possibilité d'être-avec. Du coup, toute sexualité ayant pour but que l'orgasme est masturbatoire[69]. C'est une telle sexualité que Luc-Marion appelle érotisme sans chair ; il parle d'un érotisme borné aux corps sans chair[70]. Et, dans cet élan, l'accès à l'autre comme

---

[66] André COMTE SPONVILLE, Paris, Le sexe ni la mort, Albin Michel, 2012, p. 236.
[67] Ibid., 237.
[68] Ludwig FEUERBACH, L'Essence du christianisme, Appendice, XVIII, p.487.
[69] André COMTE SPONVILLE, Paris, Le sexe ni la mort, Albin Michel, 2012, p. 85.
[70] Jean-Luc MARION, Prolégomènes à la charité, Paris, GRASSET, 2018, p.261.

réel s'efface. A cet effet, l'autre n'est pas réduit à sa chair, à la facticité de son corps, le mouvement qui me porte vers lui n'est pas un mouvement isolent mais englobe tous les entours et de proche en proche[71] ; c'est en grand pas, le maintien du désir.

Il faut préserver cette joie de désirer l'autre, de jouir du désir, de la relation à l'autre ; de jouir de sa présence, de sa personne de ce qu'il est. En fait, toute masturbation[72] ne demeure pas moins qu'un acte sexuel, si agréable ou décevant qu'il puisse être, mais n'a une chance de devenir véritablement érotique qu'à la condition de s'offrir au regard ou à la main de l'autre comme stimulation du désir bien plus que comme instrument de plaisir[73]. Les caresses qui précèdent l'acte justifient bien cela d'autant plus qu'elles sont érotiques et visent à maintenir le désir plus que son assouvissement. Toutefois, dans l'élan de désirer jouir, de plus de joie ; la chosification de l'autre comme objet de désir n'entre-t-il pas en jeux ?Est-ce qu'il n'est pas probable de transgresser la dignité de l'autre ? De traiter l'autre comme moyen de jouissance ?

---

[71] Pascal BRUCKNER, Alain Finkielkraut, Le nouveau désordre amoureux, Paris, Editions du Seuil, 1977, p.298.
[72] Olivia GAZALE, Le mythe de la virilité, un piège pour les deux sexes, Paris, Robert Laffont, 2017, p.347.
[73] André COMTE SPONVILLE, Le sexe ni la mort, Paris, Albin Michel, 2012, p. 238.

2.1.3. Erotisme et transgression

Le phénoménologue français conçoit, que la transgression, fait partie de l'érotisme sans l'épuiser. De fait que l'homme même est « un animal transgressif : le seul qui jouisse de son animalité en s'en distanciant, voire, raffinement suprême, en se la reprochant[74] ». De cette façon, la transgression érotique se dissocie du drame, de l'horreur, de la violence, du viol, du meurtre et de l'avidité. Elle est comprise comme l'entre deux d'animalité et de l'humanité. Autrement, la transgression érotique est liée à la moralité. L'homme étant un animal moral[75] se voit couvert du voile de honte et d'interdit. Beigbeder parle en effet du fait que « l'homme est un animal insatisfait qui hésite entre plusieurs frustrations[76] ». En réalité, « l'érotisme se joue tout entier dans cette dualité, dans cet improbable dedans-dehors qu'est, pour chacun d'entre nous son humanité[77] ». De plus, il faut noter que l'homme est un animal érotique : le seul peut être qui fasse l'amour en tant que cela ne se réduit ni au coït ni à

---

[74] André COMTE SPONVILLE, Le sexe ni la mort, Paris, Albin Michel, 2012, p. 241.
[75] *Ibid.*, p. 233.
[76] Frédéric BEIGBEDER, L'amour dure trois ans, Filio-Paris, 1994-1957, p. 9.
[77] André COMTE SPONVILLE, Le sexe ni la mort, Paris, Albin Michel, 2012, p. 233.

l'orgasme…, le seul qui mette le désir plushaut que le plaisir, le seul qui le cultive, dans tous les sens du terme, au lieu de secontenter, comme la première bête venue, de l'assouvir. C'est qu'il est un animalmoral, et l'un (érotisme), ne va pas sans l'autre (la moralité).

C'est à ce titre qu'on peut parler de l'érotisme comme un humanisme paradoxal et transgressif[78]. Par exemple, les caresses transforment le corps en chair, le sujet en objet, l'activité en passivité, la liberté en facticité[79]. Autrement dit, « les caresses sont appropriation du corps de l'autre[80] ». Aussi, l'érection même solitaire est affirmation de la chair par la chair[81]. De ce fait, la caresse serait plutôtdévoilement de la chair de l'un par la chair de l'autre. Ainsi, caresser c'est réaliserla double incarnation réciproque : le devenir-chair de soi et de l'autre.

En effet, l'essence de l'érotisme est donnée dans l'association inextricable du plaisir sexuel et de l'interdit, de despote et de moralité ; ainsi il est essentiellement transgression, infraction à la règle des interdits[82]. En cela, la

---

[78] *Ibid.*, p. 253.
[79] Ibíd., p. 255.
[80] Jean-Paul SARTRE, L'Etre et le néant, livre de poche, paris, 2003, p.466.
[81] *Ibid.*, p. 466.
[82] André COMTE SPONVILLE, Le sexe ni la mort, Paris, Albin Michel,

transgression érotique se joue dans cette dualité entre le vouloir et l'interdit. Et, n'a rien à avoir avec le viol, la pornographie[83], la chosification de l'autre, la vulgarité, la crudité, la bassesse[84]. Tout au contraire, un acte est plus érotique lorsque la liberté et la volonté se rencontrent, en ce sens que la plus délicieuse, et habile, et aimante, descaresses librement offertes ou consenties est plus érotique[85]. C'est de l'art, de l'esthétisme[86]. L'érotisme, renferme en lui, quelque chose d'aimable, de passionnel voire de religieux[87], de l'esthétique, du beau, d'une pure humanité. Elle semble donner du sens à la réalité de l'amour que Sponville conçoit comme une réalité ternaire.

2.2. La réalité ternaire de l'amour

Comte-Sponville distingue trois sortes d'amour, correspondant à trois conceptions grecques de l'amour : *eros*, *philia* et *agapè*[88]. A partir de la lecture du *Banquet* de Platon, il analyse tout d'abord la définition de l'amour comme désir et

---

2012, p. 233.
[83] Ibíd., p. 250.
[84] Ibíd., p. 251.
[85] André COMTE SPONVILLE, Le sexe ni la mort, Paris, Albín Michel, 2012, p. 234.
[86] Ibíd., p. 251.
[87] Ibíd., p. 250.
[88] *Ibid.*, p. 38.

comme manque. Il oppose ensuite à la conception platonicienne de l'amour la définition aristotélicienne et spinoziste de l'amour comme joie et puissance de jouir. Enfin, il étend cette deuxième définition de l'amour à partir de la conception chrétienne de l'amour comme charité, et ses équivalents laïcs (douceur et tendresse). La présentation de ces trois sortes d'amour permet à Comte-Sponville de décrire la réalité plurielle de l'amour, qui est un mélange de ces trois formes d'amour.

2.2.1. Eros au fondement de l'humain

La première forme de l'amour est l'*éros*, l'amour passionnel, « l'amour qu'on ressent lorsqu'on est amoureux[89] ». Mais, il est souvent mal compris. On l'assimile au sexe[90]. Pour le décrire, Comte-Sponville retient deux discours du *Banquet* de Platon : celui d'Aristophane et celui de Socrate, qui expriment une même conception de l'amour, à savoir l'amour comme désir et comme manque. À partir du mythe d'Aristophane, selon lequel l'amour est le désir de reconstituer l'unité originaire d'un être séparé en deux moitiés par Zeus[91], le philosophe Français expose les caractéristiques de l'amour

---

[89] *Ibid.*, p. 40.
[90] *Ibid.*, p. 40.
[91] *Ibid.*, p. 45.

fusionnel. Mais il relève aussi que notre propre expérience de l'amour contredit la conception d'Aristophane[92]. Et ceux sont précisément ces illusions sur l'amour que le discours de Socrate dissipe, à travers les propos de Diotime qu'il rapporte aux convives du *Banquet*. Pour Diotime, l'amour est désir, et le désir est manque : on ne désire et donc on n'aime que ce dont on manque, et c'est pourquoi « il n'y a pas d'amour heureux »[93]. Dès qu'un désir est satisfait, il n'y a plus de manque, et s'il n'y a plus de manque, il n'y a plus de désir, et comme il n'y a plus de désir, il n'y a plus d'amour. Ce que l'auteur du *sexe ni la mort* montre ici, c'est l'échec programmé de la conception platonicienne de l'amour, qui exclut la possibilité de lier amour et bonheur. Pour lui, cette conception platonicienne de l'amour trouve un écho particulier chez Schopenhauer[94], dont la définition de l'ennui correspond au stade de celui qui, parce qu'il possède ce qu'il désirait auparavant, ne désire plus et donc n'aime plus, au sens platonicien du terme. Ainsi, on passe du manque à l'ennui. La fin de l'amour, serait donc l'ennui ou le malheur ? Si tel n'est pas le cas, de qu'elle manière l'amour

---

[92] *Ibid.*, p. 48.
[93] André COMTE SPONVILLE, Le sexe ni la mort, Paris, Albin Michel, 2012, p. 58.
[94] *Ibid.*, p. 66.

peut-il se réaliser ?

2.2.2. De l'ennui à la joie d'aimer

En réalité, jusqu'ici, l'éros exclut la possibilité du bonheur de l'amour. Cette conception platonicienne fait de l'amour, une réalité douloureuse, de manque. C'est en fait cela qui va conduire Comte-Sponville à envisager une deuxième forme d'amour qui permettra de penser la possibilité d'un amour heureux, d'un amour de jouissance. En effet, il se tourne vers l'amour *philia* qui est la joie d'aimer[95]. Il part de la définition d'Aristote, pour qui l'amour est joie et, il parle de « l'amour de ce qui ne manque pas »[96]. La *philia* caractérise non seulement l'affection réciproque entre enfants et parents, mais également celle entre époux[97]. Ainsi, la souffrance s'efface pour laisser place à ce « plaisir de l'amitié »[98], à la joie qu'apporte l'amour.

De plus, il s'appuie sur Spinoza pour qui l'amour est jouissance. En fait, l'amourselon Spinoza est également joie, et plus précisément l'amour est puissance, puissance de jouir et donc jouissance en puissance. En fait, Spinoza insinue l'amour

---

[95] *Ibid.*, p. 79.
[96] *Ibid.*, p. 79.
[97] *Ibid.*, p. 80.
[98] *Ibid.*, p. 83.

comme désir mais un désir comme force. De cette manière, l'amour spinoziste offre la possibilité de jouir de la présence de l'autre et de l'instant présent, au quotidien. Et c'est même ce plaisir de jouir, qui rend la jouissance possible[99]. C'est donc l'amour ; lorsque l'autre ne manque pas ; lorsque saprésence ou sa possession ne m'ennuie plus mais qu'il devient la principale causede ma joie. À ce titre une déclaration spinoziste n'est pas « tu me manques », « j'ai besoin de toi », « je t'aime » mais plus tôt, « la principale cause de ma joie, c'estque tu existes » ou « chaque fois que je pense à toi, cela me rend heureux » ou encore, « je suis joyeux à l'idée que tu existes[100] ». Autrement, c'est le « bonheur d'aimer[101] », c'est l'amour qui ne demande pas mais qui remercie, qui ne possèdepas mais qui est gratitude[102].

En vérité, le phénoménologue, exprime clairement son attrait pour cette conception aristotélicienne et spinoziste de l'amour[103], sans l'opposer à la première, ou sans absolutiser

---

[99] *Ibid.*, p. 84.
[100] André COMTE SPONVILLE, Le sexe ni la mort, Paris, Albin Michel, 2012, p.92-93.
[101] Ibíd., p. 88.
[102] Ibíd., p. 92.
[103] Maël GOARZIN, « André Comte-Sponville, L'Amour en quatre leçons de philosophie. Amour et Bonheur (DVD 1) », Lectures [Online], Reviews, Online since 12 November 2013, connection on 21 September 2022.

une différence entre elles. Pour lui, l'amour oscille bien souvent entre ces deux conceptions. A cet effet, il dit :

> il ne s'agit pas de savoir qui a raison, de Platon à Schopenhauer d'un côté, d'Aristote et Spinoza de l'autre. Ils ont raison tous quatre, cependant, ils ne décrivent ni les mêmes expériences, ni les mêmes situations, ni les mêmes affects. Ils tracent pour nous comme les deux pôles de notre vie affective, c'est pourquoi ils nous éclairent aussi, je le notais tout à l'heure, sur l'entre deux qui sépare ou unit ces deux pôles[104].

A vrai dire, tout itinéraire amoureux, commence bien souvent par un amour passionnel tel que le décrit Platon. Mais, risque de tomber dans l'ennui décrit par Schopenhauer. Il faut donc construire un amour spinoziste, fondé sur la joie de vivre avec l'autre, et non plus sur le manque ; jouir et se réjouir de l'existence de l'autre suffisent alors au bonheur. De plus, l'amour *philia*, permet de connaître l'autre[105] tel qu'il est, et de l'aimer pour ce qu'il est. Il s'oppose ainsi à la séduction, qui ne montre à l'autre qu'une image parfaite de soi, dans le but de faire illusion. Suffirait-il de se contenter de la joie d'aimer ?

---

[104] André COMTE SPONVILLE, Le sexe ni la mort, Paris, Albin Michel, 2012, p. 91.
[105] *Ibid.*, p. 103.

2.2.3. De la joie à la douceur

Bien que l'Antiquité grecque s'arrête à ces deux conceptions de l'amour[106], Comte-Sponville poursuit son étude par l'examen d'une troisième conception, issue du christianisme, religion pour laquelle Dieu est amour et selon laquelle on doit s'aimer les uns les autres, et aimer ses ennemis. En fait, c'est la traduction de la conception qu'a Jésus de l'amour qui a donné ce troisième concept : agapè[107]. D'autant plus que, les deux premières conceptions de l'amour ne permettent pas de comprendre ces injonctions de Jésus. Par exemple, on ne peut pas dire que Dieu est amour si l'amour est défini comme manque (*éros*), car Dieu ne manque de rien[108]. D'où la nécessité, pour les chrétiens, d'utiliser un nouveau terme, *agapè*, pour désigner cet amour professé par le Nouveau Testament. Traduit en latin par *caritas* et en français par « charité », l'*agapè* est un amour universel, c'est-à-dire, pour Comte-Sponville, un amour *philia* dirigé vers tout le monde et non seulement vers ses amis, enfants et conjoint.

Malgré qu'il se proclame athée, Comte-Sponville prend en compte l'*agapè* dans son analyse de l'amour, car il est

---

[106] *Ibid.*, p. 113.
[107] *Ibid.*, p. 114.
[108] André COMTE SPONVILLE, Le sexe ni la mort, Paris, Albin Michel, 2012, p. 114-116.

constitutif de sa civilisation actuelle (civilisationoccidentale). Il fait alors référence à Simone Weil[109], pour qui l'amour de charité est un amour qui refuse d'exercer au maximum sa puissance[110]. Il s'agit de cet amour qui donne tort à Hobbes, Spinoza, Nietzsche et Marx[111]. C'est l'attrait de retrait[112], pour laisser place à l'autre, c'est laisser l'autre vivre, le laisser être, le laisser exister. C'est la charité des parents par rapport aux enfants, par exemple, lorsque les premiers adaptent leurs actions à la fragilité des seconds : l'amour parental[113].

Cette conception chrétienne de l'amour peut également s'exprimer à travers des mots laïcs : la douceur et la tendresse qui, de nouveau, correspondent au refus d'exercer sa force ou sa puissance de jouir de la présence de l'autre. En réalité, il convient à transformer la puissance de la joie, la force d'exister en douceur, en service[114]. Du coup, c'est renoncer à occuper l'espace afin que l'autre puisse développer sa puissance, pour qu'il ait assez d'espace pour exister[115].

---

[109] *Ibid.*, p. 118-120.
[110] *Ibid.*, p. 120.
[111] *Ibid.*, p. 121.
[112] *Ibid.*, p. 124.
[113] *Ibid.*, p. 121.
[114] *Ibid.*, p. 122.
[115] *Ibid.*, p. 123.

2.2.4. Le couple entre passion et vertu

Il s'agit ici de présenter la conception du couple chez André Comte Sponville. En effet, après avoir présenté sa conception de l'érotisme et de l'amour il urge de venir à ce qu'est le couple, car, le couple est le lieu de l'expérience de l'érotisme et de la réalité ternaire de cet amour ternaire. L'idée est de donner du concret à toute la réalité de l'éros. Aussi, il faut reconnaitre avec Alain que c'est le couple qui sauvera la spiritualité.

2.2.5. La passion et le couple

La réalité descriptive de l'amour, présentée plus haut n'échappe pas à la réalité du couple. Toute expérience du couple, des amants commence toujours presque par la passion, l'éros :

> Tout amour effectif reste en quelque chose pathologique, au sens étymologique du terme, c'est-à-dire passif ou passionnel : il se repose sur une affection (un pathos), que nous subissons, et qui est elle-même déterminée par la sensibilité d'avantage que par la raison ou la volonté[116].

Ainsi, la volonté de s'unir à l'être aimé est éprouvée en

---

[116] André COMTE SPONVILLE, Le sexe ni la mort, Paris, Albin Michel, 2012, p. 302.

soi par un sentiment indépendant de la volonté de l'amant[117]. En vrai, « on ne décide pas de tomber amoureux, ou de ne plus l'être[118] ». Dès lors, on peut parler d'une « conjonction, d'une harmonie, un certain plaisir » que la rencontre avec le réel que l'autre est, cause dans l'amant.

En fait, l'itinéraire du couple commence lorsque l'un des amants, « découvre que l'autre lui manque, et que sa possession, pourrait le combler » de manière qu'il ne supporte plus vivre sans lui. Ce désir de posséder l'autre, de l'avoir pour soi, d'être avec lui, de s'unir à lui ; fait souvent appel à la séduction afin que l'autre tombe amoureux et se donne. Il s'agit de l'amour qui sait prendre. Cependant, à force d'être ensemble tout le temps, de vivre la routine, de voir et de faire avec la même personne ; le manque devient de moins en moins parce que l'aimé ne manque plus mais est présent.

Du coup, l'amour devient de moins en moins. À en croire, la présence constante de l'autre ennuie. De plus, la découverte réelle de sa personne, de sa vérité, de sa vulnérabilité déçoit et fait tomber les murs d'illusions : c'est la crise du couple, le passage de la passion au couple, de

---

[117] *Ibid.*, p. 303.
[118] *Ibid.*

l'illusion à la réalité. Et même, il peut surgir que le charmant prince ou la charmante princesse de l'autre fois devient le vilain mari ou la vilaine femme[119]. L'autre a vraiment changé ? Est-ce la preuve qu'il n'y a plus d'amour dans le couple ? La réponse c'est non. C'est juste que l'objet qui manquait soit désormais présent. De ce fait, que faut-il faire ? Faut-il aller de passion en passion. De manque en manque ; d'illusion en illusion ?

2.2.6. L'amitié et le couple

Bien que l'éros emprunte le chemin au couple, il ne saurait s'y réduire pour la survie de celui-ci. De fait, le couple n'est pas une chimère mais une réalité. Il ne peut donc pas se fonder ou se reposer sur le manque, sur l'illusion. Le couple estun vivre ensemble et tout vivre ensemble nécessite l'amitié. En cela, « les époux ou les amants sont appelés à être des amis les uns pour les autres[120] ». Il faut un amour réciproque et durable, une bienveillance mutuelle et active, une vie partagée, dans les joies comme dans les peines, une intimité, une confiance, une solidarité, une communion[121] et même une

---

[119] *Ibid.*, p. 68.
[120] André COMTE SPONVILLE, Le sexe ni la mort, Paris, Albin Michel, 2012, p. 307.
[121] *Ibid.*

complicité.

C'est bien, cette manière de vivre le couple que Montaigne désigne par l'amitié maritale[122]. En effet, elle convient à jouir et à se réjouir de l'autre qui est là ; à le connaitre ; à le découvrir et à vivre avec lui ; à prendre plaisir de partager sa vie et son lit[123]. Dans le couple, la folie de la passion des premiers mois cède la place à l'authenticité amoureuse de manière à aimer l'autre pour ce qu'il est et non pour ce qu'on pense qu'il est[124] ou qu'on veut qu'il soit. De cette façon, il s'agit d'aimer ce qu'on connait et ainsi, il y a « davantage de joie, davantage de plaisir (y compris dans la vie érotique : il n'est pas rare que le plaisir ait besoin detemps, qu'il s'accroisse avec la connaissance, de l'autre et de soi, avec l'intimité partagée et prolongée), enfin davantage de vérité[125] ».

De ce fait, le conjoint devient cette personne qui connait mieux, celle avec qui onexplore sa propre vérité y compris l'intimité (érotisme). Le conjoint ou la conjointe devient par riposte meilleur ami. En effet, c'est celui ou celle qui connait(au

---

[122] Michel de MONTAIGNE, Essais, III, 9, p.975.
[123] André COMTE SPONVILLE, Le sexe ni la mort, Paris, Albin Michel, 2012, p. 101.
[124] *Ibid.*, p. 103.
[125] *Ibid.*

sens de force et faiblesse, qui connait la vulnérabilité, la vérité de soi) mais qui aime quand même. C'est bien que l'amant arrive à se défaire de toutes les illusions probablement faites sur l'aimé pour l'aimer tel qu'il est ; tel qu'il se présente au-delà des apparences. Et pour ce fait, vivre le couple consiste à prendrele temps de faire connaissance avec l'autre, à un degré d'intimité profonde qu'aucune expérience ne saurait permettre[126]. Ainsi, on n'aime plus seulement pour l'appétence sexuelle ou pour posséder, ou dans les idées ; mais pour la volonté de vivre cette appétence sexuelle ; aimer l'existence de l'autre ; vivre. Dèslors, ne s'agit-il pas de réfuter l'éros et de bâtir le couple que sur l'amitié ?

2.2.7. Le couple entre état et acte

En réalité, dans le couple, il n'est pas à choisir entre éros et philia, entre concupiscence et bienveillance. Le vrai couple rime entre les deux. Il ne s'agit pasde préférer l'un à l'autre. Le plus important, n'est pas de rêver le couple, mais de le vivre. En effet, il y a presque toujours les deux dans le couple. Comte-Sponville écrit : « cela fait partie de la force et du charme des couples, lorsqu'ils sont heureux, comme les noces d'éros et de philia, du désir et de la joie, de la passionet de

---

[126] *Ibid.*, p. 107.

l'action, du sexe et de l'amour[127] ». Ainsi, il semble que l'essentiel n'est pasde dépasser l'éros ou de le ranger. C'est en effet, savoir construire le couple entrecette oscillation d'éros en philia et de philia en éros. En assimilant la passion à « prendre » et le *philia* à « donner et partager[128] », Sponville énonce clairement que la vie en commun rime entre prendre et donner. Autrement dit, c'est savoir donner et savoir prendre.

En outre, passer de l'éros à philia ne veut pas dire que le couple passe de deux essences séparées mais plus tôt vit deux moments, deux pôles, tous nécessaires dans la vie affective. Néanmoins, il s'agit « d'essayer de s'élever de l'amour facile, qui est aussi le plus important, le plus fondamental, le plus fort à l'amour le plus élevé[129] ». Il est donc aisé de comprendre, que le couple consiste à transformer la passion d'aimer en action, en plaisir. Il s'agit d'aimer et d'être aimé. Autrement c'est l'amour en acte, ou devenir-vertu de la passion d'aimer[130].

Par ailleurs, l'amour promet la complétude dans le couple, mais c'est moins justedans la vérité du couple. En

---

[127] André COMTE SPONVILLE, Le sexe ni la mort, Paris, Albin Michel,2012, p.134.
[128] *Ibid.*, p. 138.
[129] *Ibid.*, p. 140.
[130] *Ibid.*, p. 326-327.

vérité, la solitude fait partie du couple. L'autre, ne peut en aucun cas combler notre vide. Le couple ouvre l'horizon de cohabitation de deux solitudes qui se protègent mutuellement, qui se complètent, qui se limitent et s'inclinent l'une devant l'autre. Il faut souligner qu'il y a deux types de solitudes. Celle qui est décevante cherche à posséder ; et celle qui est libérante donne place à l'autre sans s'effacer.

En vérité, nous arrivons à comprendre qu'être amoureux est un état et aimer est un acte. Et, plus qu'une vérité, le couple ne peut être le projet perpétuel de l'état mais la dialectique entre l'état et l'acte. En plus, il nous est arrivé de nous accorder dans l'élan vital du couple, qu'il exige une maturité, afin que l'amant au lieu de s'enfermer dans la promesse érotique, dans l'illusion, dans la cristallisation ; initie le paradigme du réel. Ainsi, la densité d'un couple se mesure par rapport à la maturité des amants pouvant conduire le couple dans le bonheur. Construire le couple devient donc un projet de désillusion pour le vrai, le beau, le bien, la vérité, le réel. C'est aussi un élan de créativité. De plus, nous avons eu à comprendre qu'il n'y a pas une opposition entre éros et philia ou agapè. Dès lors, face à la crise des couples et des amants en Afrique, il urge de se demander si les jeunes amants Africains sont éveillés à la réalité du couple. Du moins, ont-ils une conception réelle du phénomène éros ? Quelles sont les pièges auxquels, ils doivent faire face ? De quelle manière peuvent-ils transcender ces pièges ?

Chapitre 3. L'enjeu érotique pour la jeunesse Africaine

> La sexualité n'est pas une donnée ; nous ne savons pas ce que cela veut dire, ce que c'estque la conjonction des sexes, ce qui est en jeu (…). C'est la seule structure qui fait problème, qui est toujours problème ; que nous l'appelions problème de l'amour, problème de l'éros ou du sexe, c'est la même chose. C'est une question plutôt qu'une donnée et qu'une réponse[131].

À travers ces mots, Paul Ricœur souligne la question énigmatique ou presque incompréhensible du phénomène éros. Cela semble justifier la difficulté ou le problème que rencontrent les jeunes amants face à ce phénomène. Dans l'impasseou des outrages de ressentiments issus des différentes expériences de l'être- africain, la question d'une quête pour le sens érotique se laisse lire. Surtout qu'aujourd'hui, où « j'aime, je n'aime pas, je suis aimé, je ne le suis pas, sont prononcés sans savoir ni le pourquoi, ni surtout ce dont il s'agit[132] ». En effet, si notre chemin avec la pensée Sponvilièrne nous a permis de cerner le sens, les contours et les limites de l'*éros* aussi bien que la réalité univoque de l'amour ; alors, il est de notre devoir de penser la mesure dans laquelle une telle

---

[131] Paul RICŒUR, Conférence au congrès de Paris, in « Cahiers internationaux du Symbolisme », 1962, p. 181.
[132] Jean-Luc MARION, Prolégomènes à la charité, Paris, GRASSET, 2018, p.126.

phénoménologie de l'éros peut servir de paradigme, pour penser ou repenser ce qu'est, ou du moins, ce que peut être un couple en Afrique. À cet effet, notre projetdans cette partie de notre travail, est d'éveiller tout amant ou tout aimé sur les pièges probables de l'éros, d'indiquer un chemin pour une sagesse de l'amour tout en ressortissant notre idée d'une éducation amoureuse visant le bonheur, la réalisation de l'amant et de l'aimé africain.

3.1. La jeunesse face aux pièges de l'éros

Il s'agit en effet ici, de faire ressortir les pièges de l'éros qu'il faut surpasser pourun couple vrai, heureux et réussi. Une fois encore, nous voudrions insinuer que l'éros est la plus puissante et la plus grande caractéristique des émotions humaines ; c'est le désir du manque, la passion amoureuse, c'est le plus fougueuxet le plus brutal des sentiments[133]. Bien vrai, c'est le fondement de tout itinéraireamoureux. Cependant, il n'est pas excepté qu'il renferme en son sein quelques pièges que doit comprendre tout amant afin de pouvoir le surpasser.

---

[133] Platon, Lois, trad.fr. Luc Brisson et Jean-François Pradeau, Paris, 2006, tome 2, livre VIII, 837b, p .20.

3.1.1. Des illusions ou de la cristallisation

Luc Ferry dans son livre *La révolution de l'amour*[134], écrit que dans l'état amoureux (c'est-à-dire dans l'état érotique), tout prend son sens. Il convient de lui accorder cette vérité. Cependant, il émane aussi de comprendre, que cet état amoureux se nourrit du manque, de l'absence donc des illusions et des apparences.du fait, étant donné que l'éros se nourrit du manque, il se repose sur l'idéalisation et sur l'idée d'une perfection de l'autre. À ce titre, la réalité de l'aimé n'est pas objet pour l'amant mais plutôt l'idée de sa perfection. Il suffit à l'amant de penserà une perfection pour la voir dans l'aimé. De ce fait, il s'agit d'une transposition de son propre idéal dans l'autre. Jacques de Bourbonbusset parle d'une forme de narcissisme : « on projette sur l'autre l'image qu'on voudrait être[135] ». Luc Marion parle d'une Auto-idolâtrie[136]. Auto-idolâtrie, en ce sens que c'est l'amantqui s'idéalise dans l'aimé et n'aime que cette projection fait dans l'autre. C'est-à-dire que ce que l'amant aime dans l'aimé est sa propre idée projetée dans l'aimé.

---

[134] Luc FERRY, La révolution de l'amour, Paris, édition Plon,2010, p. 25.
[135] Jacques de BOURBONBUSSET, Paris, La différence créatrice, Cerf, 1979, p. 20.
[136] Jean-Luc Marion, Prolégomènes à la charité, Paris, GRASSET, 2018, p. 132.

De plus, l'auto-idolâtrie, est précédée avant tout d'une course d'illusion. En effet, en lieu et place de la réalité de l'autre, l'amant se préfère dans l'état érotique de voir l'autre dans les idées, tel qu'il aimerait qu'il soit et non tel qu'il est. Stendhal appelle ce phénomène, la cristallisation. Il écrit :

> Aux mines de sel de Salzbourg, on jette dans les profondeurs abandonnées de la mine un rameau d'arbre effeuillé par l'hiver ; deux ou trois mois après, on le retire couvert de cristallisations brillantes (…). Ce que j'appelle cristallisation, c'est l'opération de l'esprit, qui tire de tout ce qui se présente la découverte que l'objet aimé a de nouvelles perfections[137].

Stendhal explique de cette façon que l'amant attribue à l'aimé toutes les qualités qu'il aimerait que ce dernier puisse avoir. De ce fait, le jeune amant amoureux ne voit rien d'autre que l'être idéal, parfait, mystique que son aimé est. À ce stade, tous les défauts passent inaperçu ; et l'amant se crée lui-même une fausse image de l'autre. En fait,

> au moment où vous commencez à vous occuper d'une femme, vous ne la voyez plus telle qu'elle est réellement, mais telle qu'il vous convient qu'elle soit. Vous comparez les illusions favorables que produit ce commencement d'intérêt à ces jolis diamants qui cachent la branche de charmille

---

[137] Stendhal, De l'amour, Gallimard, collection Folio, 1980, p. 13.

effeuillée par l'hiver, et qui ne sont aperçus, remarquez-le bien, que par l'œil de ce jeune homme qui commence à aimer[138].

Cette image qu'on se fait de l'autre, nourrit le désir et le rend plus excessif. Et d'autant plus que l'objet désiré est absent, l'amant ne fait qu'idéaliser l'autre ou du moins le cristalliser. C'est pour cela Stendhal écrit : « La cristallisation prend sa source dans la distance avec l'être aimé et le doute sur ses sentiments : « Etes-vous quitté, la cristallisation recommence ; (…)[139] ».

À la suite de l'idéalisation de l'autre ou à son excepté, le jeune amant se retrouve aussi face à un autre piège qui est celui du culte de l'apparence de soi. On note ici, un renversement de situation. Si dans la cristallisation, c'est l'amant qui se fait une idée parfaite de l'autre, indépendamment de l'autre ; dans l'apparence de soi, c'est l'amant qui se fait une image parfaite de lui-même dans l'idée de l'autre. C'est-à-dire que toute sa visée téléologique, au lieu d'être et d'aimer, devient paraitre[140] sous le couvert de l'inauthenticité.

En effet, ce dernier se propulse pour paraitre tel que le désire ou le veut l'autre. Tout l'effort érotique se déploie pour

---

[138] *Ibid.*, p. 13.
[139] STENDHAL, De l'amour, Gallimard, collection Folio, 1980, p. 359.
[140] Olivia GONZALE, Je t'aime à la philo, Quand les philosophes parlent d'amour et du sexe, Paris, éd Robert LAFFONT, 2012, p. 274.

combler les attentes de l'autre pour une seule fin : impressionner. On peut déjà parler d'un refus d'être. C'est en réalité, une vieou un vécu inauthentique qu'on peut assimiler à la perte même de la conscience de soi chez Heidegger. L'amant même décide de réduire sa vie à la banalité. L'authenticité de soi et d'être, chute pour une quête de plaire à l'autre si non de se faire plaire par l'autre. La fausse image mentale de soi, qu'on crée chez l'autre pour se faire désirer, se fait au moyen de la séduction. Cet état vise essentiellementà construire le couple sur l'apparence, le comme si ; or, le couple est le lieu de vérité[141].

Au-delà de cette conception, le couple sans la vérité, n'est qu'une vibration superficielle de la sensibilité qui est destructrice selon Jean LACROIX[142]. Dans cet état de cause, l'amant essaye de faire semblant, il ne vit pas dans la réalité et fait vivre aussi l'aimé dans cette fausse route. Il fait tout, pour vivre sous le camouflage, et faire croire à l'autre un être parfait qu'il n'est pas. On peut parler d'un vécu superficiel ou encore d'un enfantillage, c'est à dire,une irresponsabilité.

Par ailleurs, la séduction par laquelle passe la plupart

---

[141] André COMTE SPONVILLE, Le sexe ni la mort, Paris, Albin Michel, 2012, p. 105.
[142] Jean LACROIX, Personne et amour, Paris éditions du Seuil,1955, p. 129.

de nos jeunes aujourd'hui est définie par le philosophe Vauvenargues comme « l'art de plaire » et « l'art detromper ». Ceci est bien évident en ce sens que la séduction est un ensemble de procédés de manipulation visant à obtenir une faveur, donner une image avantageuse de soi ou susciter délibérément une émotion, une admiration, une attraction, voire un sentiment amoureux de la part de l'autre. De ce fait, construireun couple sur la séduction, c'est vouloir faire de l'irréel ; le fondement du réel.

Sponville soulignait cette réalité lorsqu'il écrivait que la passion amoureuse se nourrit de l'imagination, de la méconnaissance[143].

3.1.2. Hédonisme ou utilitarisme au fondement du couple

Après avoir mis à nu le phénomène de cristallisation ou de l'auto-cristallisation comme des pièges de l'éros, nous voulons ici, relever un autre piège central qui est celui de vouloir faire du couple, le lieu d'un hédonisme éternel. C'est en cela que dans le chapitre 2 de notre travail, nous avons essayé de montrer ou de décrireque l'érotisme est humain. ». Et

---

[143] André COMTE SPONVILLE, Le sexe ni la mort, Paris, Albin Michel,2012, p. 105.

dans cet attrait, nous avons vu le plaisir et surtoutla jouissance comme la touche de marque de l'éros, de l'érotisme. Toutefois, il urge pour nous de montrer que le phénomène « hédonisme », ne peut pas constituer un fondement pour la construction du couple. Pour ce fait, nous allons redéfinir ce qu'est l'hédonisme.

Ce que nous voulons définir ici comme hédonisme est la recherche à tout prix du plaisir[144]. En effet, dans la plénitude de l'éros, le jeune amant au lieu, de se focaliser sur le désir amoureux, la réjouissance de la présence de l'autre, peut être tenté de se centrer uniquement sur la recherche du plaisir. En cela, il fait de l'autrele moyen d'assouvissement de ses désirs, de ses fantaisies et de ses fantasmes[145]. Ainsi, l'autre devient un moyen pour le plaisir du « Moi ». De ce fait, maintenir le désir de l'autre n'est plus objet de la relation mais plutôt, la recherche de plaisir,de la jouissance sexuelle, de l'obtention de l'orgasme. Sur ce point, la relation devient une culture de l'égocentrisme, une tentative d'enfermement sur soi ; et, est ainsi, une fermeture de la relation à l'autre, et à son altérité.

De plus, la culture du divertissement[146] peut aussi

---

[144] Théophile AKOHA, Les jeunes et les pièges de l'Amour. Ce qu'il faut savoir, Cotonou, éditions Amour et vie,2011, p. 16.
[145] K WOJTYLA, Amour et Responsabilité, Paris, stock, 1984, p. 74.
[146] Théophile AKOHA, Les jeunes et les pièges de l'Amour. Ce qu'il faut

constituer un obstacle pour l'ascension du couple. Elle est même l'un des pièges primordiaux de l'éros. De cefait, même si l'éros est le désir de ce qui manque, ce qui n'est pas présent, ce qui est absent, il fait rêver et espérer. Dans l'état érotique, l'amant ne pense qu'au bonheur, à la jouissance immédiate, au plaisir et aux noces de joies éternelles. Cette sensation s'estompe devant la réalité de la vie conjugale qui exige un peu de souffrance et de sacrifice. Autrement dit, la vie en couple met fin aux brèves folies de l'éros. Le philosophe Sponville, à propos de cette réalité affirmait que l'idée du bonheur en amour n'est que le projet de la poésie et de la littérature.

Par ailleurs, dans l'expérience du couple, les jeunes tombent rapidement dans lesidéaux du romantisme rêvé et du plaisir[147]. Pour la plupart, le couple est une aventure d'enfant, de plaisir, de loisir et de divertissement. Ainsi, à la rencontre de la moindre difficulté, ils abandonnent en estimant que c'était romantique de se marier ; mais que la vie conjugale est trop dure[148]. C'est entre tout autre, une fuite de sacrifice ou de souffrance.

En outre, nous venons de bien comprendre que malgré

---

savoir, Cotonou, éditions Amour et vie,2011, p. 22.
[147] *Ibid.*, 24.
[148] Théophile AKOHA, Les jeunes et les pièges de l'Amour. Ce qu'il faut savoir, Cotonou, éditions Amour et vie,2011, p.23.

la magnificence de l'éros, son élan vital peut faire tomber dans des pièges s'il n'est pas bien vécu. La vie amoureuse de la jeunesse est bien souvent piégée et ; ces expériences malsaines peuvent ôter à l'amour, sa vérité et son ardeur humain. À cet effet, il urge de repenser l'amour, ou du moins proposer une appréhension du sens amoureux.

3.2. Le sens amoureux : art d'aimer et d'être aimé

Le but de notre travail ici, est de proposer essentiellement une théorie de quête du sens amoureux bien que Sponville souligne que ce qui est important n'a pas de sens. C'est-à-dire que nous voulons ici passer des obstacles pour découvrir la sagesse même de l'amour. En ce sens que l'amant puisse saisir que son être est intrinsèquement lié à l'amour : être, c'est en définitive aimer[149]. Nous aurons donc à comprendre ou à saisir l'art d'aimer et d'être aimé(e).

3.2.1. Du jeu de la vie à un enjeu pour la vie

En effet, il est aisé de comprendre avec Jean Paul II que « L'homme ne peut vivre sans amour (…). Sans amour et sans relation, il reste pour lui-même un être incompréhensible. Sa vie demeurera moins privée de sens si l'amour ne lui est pas

---

[149] Emmanuel MOUNIER, *Révolution personnaliste et communautaire*, Paris, Aubier, 1935, p. 193.

révélé, s'il ne rencontre pas l'amour, ne l'expérimente pas et ne le fait pas sien[150] ». De cette manière, le chemin de prise de conscience de la réalité de l'amour comme donneur de sens à la vie humaine s'énonce vivement. Sa banalitépeut donc annoncer le deuil funèbre de la vie, de la perte du sens de cette dernière.

Par conséquent, il n'échappe à personne que beaucoup de jeunes sont plongés aux affreuses déceptions[151]. Ces déceptions constituent entre autres des échecs d'amour. Le principal piège ou cause de ces échecs comme nous venons de l'élucider est l'illusion. Or, le couple est réel et donc ne peut pas constituer un projet illusoire. C'est un projet d'engagement qui engage tout l'être. Ceci dit, il est aisé de comprendre que l'amour ne peut pas se limiter à un jeu, à une rêverie,il devient donc acte et engagement. C'est en raison de cela que Rodrigue Gbedjnou écrit que l'amour, c'est la vie[152]. Cette idée de lier intrinsèquement l'amour à la vie est stipulée également par le phénoménologue Bernadin BOKO lorsqu'il écrit que « le commandement de l'amour éveille à la vie[153] ».

---

[150] JEAN-PAUL II, Enccyclique Redemptor Hominis, n 10.
[151] Rodrigue GBEDJINOU, L'art d'aimer et d'être aimé(e), Cotonou, Les éditions Ids, 2021, p. 32.
[152] Rodrigue GBEDJINOU, L'art d'aimer et d'être aimé(e), Cotonou, Les éditions Ids, 2021, p. 33.
[153] Bernadin BOKO, Phénoménologie de la filiation, Paris, éditions

Sans passer par mille chemins, le philosophe béninois souligne ainsi, que le phénomène « vie » trouve sons sens et son relèvement par le medium du phénomène amour. Cette fonction d'éveilleur que joue l'amour justifie qu'il ne peut pas être un jeu.

C'est au clair un appel du phénoménologue Bernadin, pour passer du jeu de cristallisation, de l'idéalisation, de la séduction, de la plaisanterie, du rêve, de l'auto-idéalisation, de la banalité pour découvrir et accepter la réalité jouissante du réel. Il faut donc cesser de croire à l'éternité des passions, sortir du ghetto passionnel pour embrasser le réel. Ne faut-il donc pas reconnaitre avec RodrigueGbedjinou que « l'amour n'est pas un jeu, (et que) l'enjeu qu'il engage est notre vie[154] ». Au sens large, si l'amour engage l'enjeu de la vie, il mérite d'être soigné. À plus forte raison le constat quotidien révèle que les échecs de l'amour sont les échecs de la vie. Les nombreux afflux (souffrance, pleure, enfermement, chagrin) post déception prouvent vraiment cela. Autrement dit, les blessures d'amour sont tragiques et abiment toute une vie.

Il en ressort donc que l'amour est le fondement de notre

---

spinelle, 2019, p. 268.
[154] Rodrigue GBEDJINOU, L'art d'aimer et d'être aimé(e), Cotonou, Les éditions Ids, 2021, p. 40.

vie et la condition de son bonheur. Luc Ferry énoncera donc que c'est l'amour qui donne sens à nos engagements et à notre vie[155]. Sur cette même lancée, Sponville va écrire qu'il n'y a pas de bonheur sans amour. L'homme est donc appelé dans la communauté des fils[156] à aimer et à être aimé. Et si nous saisissons que l'amour requiert de l'enjeu pour le bonheur, il est vraisemblable qu'il renferme en lui une sagesse. Quelle est cette sagesse de l'amour ? En quoi l'amour peut se révéler comme le véritable chemin de la sagesse ?

3.2.2. De la sagesse amoureuse

« L'amour rythme et décrit les battements de mon cœur. Nous rêvons du bonheur. Seul l'amour peut donner le bonheur[157] ». En reprenant cette assertion de Rodrigue Gbedjinou, nous voulons rappeler ici le rôle de l'amour dans la quête du bonheur, tout en faisant une description de la sagesse que renferme l'amour. En effet, dans toute sa densité vitale le phénomène amour renferme en lui-même une grande sagesse. Notre but n'est pas d'épuisé toute cette sagesse mais

---

[155] Luc FERRY, La révolution de l'amour, édition Plon, Paris 2010, p.25.
[156] Bernadin BOKO, Phénoménologie de la filiation, Paris, éditions spinelle, 2019, p.268.
[157] Rodrigue GBEDJINOU, L'art d'aimer et d'être aimé(e), Cotonou, Les éditions Ids, 2021, p.51.

de mettre en lumière quelques germes de sagesse. Il s'agit entre autres de la vérité, de la maturité, de la responsabilité.

En effet, la réalité phénoménologique de l'éros nous a permis de cerner que le temps reste un imposant pour arriver à une sagesse amoureuse. Il est vrai que l'amour transcende le temps mais il a besoin du temps pour grandir, pour mûrir afin d'être défait de toutes illusions. Et comme l'a su bien énoncer Rodrigue Gbedjinou, le temps purifie l'amour[158] en ce sens qu'au fil du temps, les murs d'illusion s'estompent pour ouvrir les horizons de la réalité. C'est-à-dire que le décryptage et la désillusion se font au fil du temps. C'est dans cet appel du temps, que se laisse lire le plaisir ou du moins la jouissance mutuelle d'une vie de couple, la joie d'être ensemble.

À la suite du temps, invoquons la question de la connaissance en amour. Déjà, on peut rappeler le lien intrinsèque que les anciens faisaient entre amour et connaissance. Et c'est en raison même de cela que Pythagore définissait la philosophie par amour de la sagesse. Et si amour et connaissance sont liés, c'est dû au fait que l'inconnu ne peut être objet d'amour. Au clair, on ne peut pas véritablement aimer ou construire un amour avec quelqu'un qu'on ne connait

---

[158] Rodrigue GBEDJINOU, L'art d'aimer et d'être aimé(e), Cotonou, Les éditions Ids 2021, p. 82.

pas.

De ce fait, il faut se connaitre et connaitre l'autre. En cela, l'assertion de Socrate « Connais-toi toi-même » deviens non seulement un précepte pour la vie mais pour le couple. La connaissance mutuelle, la découverte de la réalité de l'autre (qualités et défauts) permettent de se consolider et de se faire sur le réel et non sur l'irréel. Sur ce fait, Rodrigue Gbedjinou estime que « la connaissance de soi et de l'autre permet d'affronter avec lucidité certains défis de la vie…de la qualité de notre vie, dépend la vérité de la connaissance de soi et de l'autre, surtout pour ce qui relève du mystère de l'autre[159] ».

Après avoir connu l'autre dans toute sa vulnérabilité et en transcendant toutes les illusions préconçues, la tentation de brimer l'autre devient plus forte. Cependant, il est de l'ordre d'accorder à l'autre tout le respect. En fait, dans la dynamique sapientielle de l'amour, la mise en valeur de la dignité inaliénable de l'autre reste d'évidence. Il convient de s'accorder avec Kant sur le point que l'autre ne soit pas moyen mais une fin. De cette manière, il faut reconnaitre que malgré la découverte, la connaissance de l'autre tel qu'il est dans toute sa force et dans sa vulnérabilité, il est essentiel de l'accepter tel

---

[159] *Ibid.*, p. 92.

qu'il est, de se réjouir de sa personne tout en lui accordant tout le respect. C'est en fait, une invitation à mieux se contenter de ce que l'autre est ; avec un bon traitement. Cela donne la voix à Théophile AKOHA : « L'amour atteint sa complétude seulement quand l'aimé se tourne aussi vers l'amant avec la même volonté de promotion qui anime l'amant[160] ». En parlant de cette promotion, Nédoncelle affirme ceci : « l'amour est volonté de promotion mutuelle[161] ».

Dans cette dynamique de l'acceptation et de respect ; une autre voie de sagesse selaisse dessiner sans se dire. Il s'agit bien évidement de celle de la vérité. Cette dernière est même l'âme du couple. André Comte Sponville écrivait que « le couple est le lieu de la vérité, du moins il peut l'être, il doit l'être[162] ». Il souligne ainsi le lien intrinsèque entre le couple et la vérité. C'est d'une évidence que le mensonge, l'illusion, de double jeu, l'hypocrisie ne peuvent pas ou ne doivent pas avoir leur place dans un couple heureux. Tout couple qui veut se construire doit entrer dans l'intelligence de la vérité, de la sincérité. C'est au clair, de mettre en lumière amour et vérité

---

[160] Théophile AKOHA, Altérité et éthique de responsabilité chez Emmanuel Levinas, Paris, L'Harmattan , 2018,p. 66 .
[161] Maurice NEDONCELLE, vers une philosophie de l'amour et de la personne, Paris, Aubier-Montaigne, 1957, p. 21.
[162] André COMTE SPONVILLE, Le sexe ni la mort, Paris, Albin Michel, 2012, p. 105.

qui s'embrasse. En plus, nous nous rendons compte que l'amour fait appel non à une banalité mais plutôt à un engagement, ainsi il est question d'une responsabilité personnelle et communautaire (à deux). Dans cet écho mutuel de faire vivre le couple, l'amant et l'aimé sont contraints à passer dela passivité à l'activité. C'est-à-dire que le couple réclame de la créativité. Il faut en effet de la créativité quotidienne et de l'humour quotidien pour passer de l'ennui à la passion, de la mort à la vie. En vrai, il faut la capacité de transformer la passion en action, l'amour doit devenir acte dans le couple.

Nous venons ainsi d'élucider des voix de Sagesse tel que la vérité, la responsabilité, le respect, la liberté, le temps, la connaissance, la découverte pourne citer que ceux-là. En effet, on se rend compte qu'au-delà d'une sagesse, le couple se montre exigent et spirituel. Alain écrivait que c'est le couple qui sauvera la spiritualité en ce sens que le couple est une vie en esprit et en vérité. Exigeant,en ce sens que le couple requiert de la maturité de l'amant et de l'aimé. C'est-à- dire qu'il faut une maturité avant d'initier un projet de couple. Le couple n'est donc pas une aventure des enfants. Il demande de s'accomplir, d'être soi, d'être adulte ; en un mot d'être mûr. Cependant comment peut-on acquérir cette sagesse ? Quel est le chemin qui peut mener sur cette voie de la maturité ?

3.3. Éducation : Paradigme pour une sagesse de l'amour

En prenant conscience que la sagesse érotique est l'aboutissement de tout un processus, l'éducation devient le paradigme de sa téléologie. Ainsi, le but de notretravail dans cette dernière partie est de montrer le rôle de l'éducation dans la maturation du phénomène éros. En effet, nous voulons non seulement insinuer que l'éducation est le paradigme qui peut permettre de redonner sens à l'éros, à l'existence des couples ; mais aussi préciser que l'amour s'apprend. Olivia Gonzalé écrit à ce titre que l'amour n'est pas un savoir mais un apprentissage[163].

3.3.1. De la crise amoureuse : éducation en péril

Au regard de la société contemporaine, la crise se fait voir dans tous les domaines. Que ce soit la vie politique, sociale, religieuse, tout est en crise. Cette ère de crisea annoncé ces alertes depuis la modernité. C'est en cela que Hannah Arendt, dansson analyse, avait déjà souligné que la crise de l'éducation est l'élément particulièrement représentatif de la

---

[163] Olivia GAZALE, *Je t'aime à la philo,* Paris, Robert Laffont, 2012, p. 425.

crise de la société actuelle[164]. De ce fait, la philosophe juive montre l'importance de l'éducation dans la vie sociale. Cette même idée sera reprise par Baba Hakim et Stanislas Spéro Adotévi dans leur préface du livre *Eduquer ou périr* de Joseph Ki- Zerbo. Toute la crise contemporaine tire donc sa source dans celle de l'éducation. Ki-Zerbo écrit à ce titre ceci : « Après la mise au monde, il reste l'éducation. Vivre c'est persévérer dans son être. Et pour une société donnée, c'est par l'éducation qu'elle se perpétuedans son être physique et social[165] ». On peut donc, face à la crise érotique, évoquerque l'éducation est en péril. Et dans ce tournant, un regard doit donc être jeté surle corpus éducatif.

En d'autres termes, si le divorce devient monnaie courante ; la course des passions, la quête éternelle de vivre le manque deviennent récurrentes, et ; que lasphère sociale nous plante l'impression d'un désamour, c'est en raison du fait que toute l'éducation à ce sujet semble être laissée au compte de chaque adolescent. C'est-à-dire qu'il y a un manque d'initiation à la chose amoureuse[166]. Or, face à cette

---

[164] https://fr.wikipedia.org/wiki/La_Crise_de_la_culture ; Consulté le 9/01/23 à 23h41.
[165] Joseph KI-ZERBO, Eduquer ou périr, Unicef, p. 15.
[166] Géraud AFIGNONZO, La Principale, Cotonou, Immaculé éditions, 2022, p. 13.

autonomisation précoce accordée aux enfants, Hannah Arendt écrit :

> Affranchi de l'autorité des adultes, l'enfant n'a donc pas été libéré, mais soumis à une autorité bien plus effrayante et vraiment tyrannique : la tyrannie de la majorité. En toutcas, il en résulte que les enfants ont été pour ainsi dire bannis du monde des adultes. Ilssont soit livrés à eux-mêmes, soit livrés à la tyrannie de leur groupe, contre lequel, du fait de sa supériorité numérique, ils ne peuvent se révolter, avec lequel, étant enfants, ils ne peuvent discuter, et duquel ils ne peuvent s'échapper pour aucun autre monde, car lemonde des adultes leur est fermé[167].

Sur ce, on comprend donc que toute la crise de l'amour est liée à celle de l'éducation. À cet effet, il convient de convier les responsables du système éducatif à prendre au sérieux tout le processus éducatif, en y mettant les germes d'une éducation amoureuse comme aux rangs de l'éducation littérale, scientifiqueet sexuelle. C'est donner la parole à Géraud qui estime qu'il faut initier les jeunese à la vie amoureuse au même titre que la lecture, l'écriture, les sciences et autre[168].

En fait, la crise érotique est d'abord et avant tout une

---

[167] Hannah ARENDT, La Crise de la culture, Paris, Gallimard, coll. « Folio », 1972, p. 233-234.
[168] Géraud AFIGNONZO, La Principale, Cotonou, Immaculé éditions,2022, p. 13.

crise éducative. En vrai, le contenu éducatif brille par la forte absence d'une initiation érotique. Par ailleurs, si nous voulons vivre des couples, l'éducation à la vie du couple devient donc capitale. Isabelle Filiozart dans son livre *Intelligence du cœur* soulignait déjà l'importance de la connaissance érotique dans la quête du savoir. À cet effet, le rôle est désormais pour les adultes, de transmettre à la génération montante les armes nécessaires pour vivre le couple. Il convient donc de préparer les postulantsérotiques à la maturité nécessaire pour faire vivre le couple. Une telle approche est définie par une éducation amoureuse.

3.3.2. Le télos de l'éducation amoureuse

La crise contemporaine n'a pas épargné la réalité du couple. Et sur ce point Sponville écrit : « la vie à deux semble fragilisé[169] ». Et c'est en raison de ce constat juste de Sponville que la question de donner une force au couple mérite d'être pensée. Et pour ce fait, nous avons ouvert l'horizon d'une éducation érotique. C'est-à-dire qu'il convient d'éduquer pour la sagesse érotique. On peutdonc se demander ce que serait le contenu d'une telle approche éducative.

---

[169] André Comte SPONVILLE, Le sexe ni la mort, Paris, Albin Michel, 2012, p. 324.

Sponville en écrivant, que l'amour, c'est apprendre à vivre, à jouir, à se réjouir, c'est-à-dire apprendre à aimer, signifiait non seulement l'importance de l'éducation dans l'itinéraire érotique, mais aussi le contenu d'une telle éducation.En effet, si aimer constitue apprendre à vivre, l'objet de l'éducation érotique estla vie. Ce qu'il y a à apprendre aux jeunes sur le chemin du couple c'est la vie. Tout le projet d'initiation pour la réussite du couple doit avoir son fondement dansl'art de vivre.

De fait même, toute la sagesse de l'amour caractérisée par la joie, la souffrance, la connaissance, la découverte, la vérité, la responsabilité, l'ouverture, la créativitéet autre nous permet de cerner le lien intrinsèque entre l'art d'aimer et l'art de vivre. À cet effet, j'avais écrit ailleurs ceci : « à l'école de l'amour, nous découvrons les notions essentielles d'une vie réussie telles que la persévérance, le courage, la résilience, le choix, la responsabilité, la force, la douceur, (…) qui insinuent ainsi, qu'une vie d'amour réussie est la réussite par anticipation de la vie humaine[170]». C'est au plus profond que l'on peut croire une éducation ou du moins un accompagnement à être, à vivre dans l'authenticité. C'est en fait, apprendre à apparaitre

---

[170] Géraud AFIGNONZO, La Principale, Cotonou, Immaculé éditions, 2022, p. 100.

tel qu'on est sans hypocrisie avec ses propres forces et faiblesses, sa beauté et sa laideur. C'est aussi une culture d'expression profonde de soi et de sa propre réalité en partant des émotions, des aspirations et des appréhensions. Ainsi, il émane de se prendre contre la phobie de l'intimité pour se faire confiance et avoir confiance dans l'autre. Il convient aussi à espérer moins.

Conclusion

Après cette longue traversée philosophique, nous voudrions oser faire le point de notre parcours. Dans cette perspective, le chemin que nous avons parcouru avec André comte Sponville nous a permis de penser le phénomène éros. De ce fait, notre réflexion s'est imprégnée de la méthode phénoménologique pour évaluer la portée philosophique de l'éros dans le couple. Ainsi la possibilité de relèvement du corpus érotique s'exquise dans l'horizon d'un réalisme au regard de la vérité du réel.

Aussi, en reprenant tout l'itinéraire philosophique, nous nous sommes rendu compte que trois mots désignaient la réalité amoureuse de l'être. Et, que l'usage de ces trois concepts a poussé à une mauvaise interprétation de la réalité amoureuse de l'humain. De ce fait, notre travail nous a permis de savoir que ces trois concepts ne correspondent pas à trois essences séparées. Mais sont plutôt trois moments ou trois formes de l'amour, trois pôles du champ pluriel et complexe de la réalité, de l'expérience amoureuse. Dans l'expérience, les trois formes d'amour s'entremêlent, et c'est cette réalité que nous avons essayé de montrer à l'aide des concepts avec André Comte Sponville.

En effet, une telle conception donne une image

concrète et réelle du couple : lieu d'une réalité ternaire. Dans cette perspective, il nous est resté d'élucider tout le cheminement de l'éros jusqu'à sa propre maturation dans le couple tout en éveillant la conscience à l'ivresse érotique ou aux pièges érotiques. En vérité, il faut saisir qu'être amoureux est un état et aimer est un acte. Et, plus qu'une vérité, le couple ne peut être le projet perpétuel de l'état mais la dialectique entre l'état et l'acte. En plus, dans son élan vital, le couple exige une maturité, afin que l'amant au lieu de s'enfermer dans la promesse érotique, dans l'illusion, dans la cristallisation ; initie le paradigme du réel. Cette maturité de l'éros introduit doncun chemin de la sagesse amoureuse. Désormais, le corpus sapiential de l'éros selon lequel le bonheur est sa téléologie, invite à une prise de conscience de la vie érotique de l'humain. Ainsi, il s'agit de cerner l'éros comme un enjeu de la vie etnon comme un jeu de la vie. De ce fait, s'ouvre à l'homme la perspective d'un apprentissage à l'art érotique. Il lui faut donc une éducation amoureuse reposée sur la vie, elle-même.

  Ce faisant, l'érotisme de l'homme laisse un écho d'ancre dans la redynamisation de l'éros. Autrement, dans la manifestation de l'éros, la vie érotique de l'hommese déploie autrement pour une véritable humanisation. Ainsi, son érotisme doit retrouver un sens jouissant. De ce fait, tout l'effort de l'activité érotique n'est plusdésormais le plaisir, mais plus tôt la réjouissance. C'est-à-dire qu'il convient à jouir du désir de l'autre. C'est au claire un érotisme humain, fondé sur l'altérologie. Le but de toute activité érotique présupposant autre chose que jouissance n'est érotique. Poursuivre donc la procréation ou le coït comme fin d'une activité sexuelle s'estompe. En fait, l'appel est d'oser quitter ce que Luc-Marion appelle érotisme sans chair ; érotisme borné aux corps sans chair[171] pour un érotisme avec chair, avec présence. Et, dans cet élan, l'accès à l'autre devient cause de la jouissance mutuelle et réelle.

En revanche, si l'épiphanie érotique est le propre de l'homme et constitue mêmeson essence, penser l'homme à partir de son érotisme interroge la pensée. Autrement dit, la finitude de l'homme ne laisse pas entrevoir sa finitude érotique ? À cerner de près la réalité existentielle de l'humain, peut-on parler d'un paradoxe amoureux[172] ?

---

[171] Jean-Luc MARION, Prolégomènes à la charité, Paris, Grasset, 2018, p. 261.
[172] Pascal BUCKNER, Le paradoxe amoureux, Paris, Grasset, 2009.

Bibliographie

Ouvrage de base

COMTE SPONVILLE André, Le sexe ni la mort, Paris, Albin Michel, 2012.

Autres ouvrages de l'auteur

COMTE SPONVILLE André, L'Amour la Solitude, Livre de poche, Paris, 2004.

--------------, Petit traités des grandes vertus, Puf, Paris, 1995.

Ouvrages secondaires

AFIGNONZO Géraud, La Principale, immaculé éditions, Cotonou 2022.

AKOHA Théophile, Les jeunes et les pièges de l'Amour. Ce qu'il faut savoir, Cotonou, éditions Amour et vie, 2011.

--------------, Altérité et éthique de responsabilité chez Emmanuel Levinas, Paris, L'Harmattan, 2018.

ARENDT Hannah La Crise de la culture, Paris, Gallimard, coll. « Folio », 1972. ARISTOTE, Œuvres Complète, Paris, Flammarion, 1970.

BENOIT XVI, Deus Caritas est, Lomé, éd Saint- Augustin Afrique, 2017. BEIGBEDER Frédéric, L'amour dure trois ans, Filio-Paris, 1994-1957.

BOKO Bernadin, Phénoménologie de la filiation, Paris,

éditions spinelle, 2019. BUCKNER Pascal Le paradoxe amoureux, Paris, Grasset, 2009.

DESCARTES René, Les passions de l'âme, Paris, Flammarion, 2011.

DIDEH Gad Abel, Sexe, Argent et Pensée, Cotonou, CAHE / LAPHANT, 2022. DIDEROT Denis, Lettre à Damaville du 3 novembre 1760, V, 1997.

FERRY Luc, La révolution de l'amour, Paris, Plon, 2016.

FEUERBACH Ludwig, L'Essence du christianisme, Appendice, XVIII.

GAZALE Olivia, Je t'aime à la philo, Quand les philosophes parlent d'amour et de sexe, Paris, Robert Laffont, 2012.

--------------------, Le mythe de la virilité, un piège pour les deux sexes, Paris, Robert Laffont, 2017.

GBEDJINOU Rodrigue, L'art d'aimer et d'être aimé(e), Les éditions Ids, Cotonou 2021.

GUITTON Jean, L'Amour humain, Montaigne, 1948.

GILSON Etienne, Thomas d'Aquin, Textes sur la morale, J VRIN, 2011. JEAN-PAUL II, Enccyclique Redemptor Hominis, n 10.

KI-ZERBO Joseph, Éduquer ou périr, Unicef.

LACROIX Jean, Personne et amour, Paris, éditions du Seuil, 1955.

LEVINAS Emmanuel, Totalité et infini, Essai sur l'extériorité, Martinus Nijhoff, 1971.

MARION Jean-Luc, Prolégomènes à la charité, Paris, GRASSET, 2018.

MARION Luc, Le phénomène érotique, éd Grasset Fasquelle, 2003.

MONTAIGNE Michel, Essais.

MOUNIER Emmanuel, Révolution personnaliste et communautaire, Aubier, Paris 1935.

NEDONCELLE Maurice, vers une philosophie de l'amour et de la personne, Paris, Aubier-Montaigne, 1957.

PASCAL Blaise, De l'esprit géométrique, Paris, éd Flammarion, 2003.

------------, Pensées, Paris, éd Flammarion, 2011, p.501-659.

PLATON, Œuvres Complète, Paris, Flammarion, 1975.

RICŒUR Paul, Conférence au congrès de Paris, in « Cahiers internationaux du Symbolisme », 1962, p. 181.

SARTRE Jean-Paul, L'Être et le néant, Paris, Livre de poche, 2003. SCHOPENHAUER Arthur, Métaphysique de l'amour, éd Les échos du maquis, 2011.

SPINOZA Baruch, Éthique, III.

STENDHAL, De l'amour, Gallimard, collection Folio, 1980.

WOJTYLA Karol, Amour et Responsabilité, Paris, stock, 1984.

Dictionnaires

Dictionnaire des concepts philosophiques, Sous la direction de Michel Blay, Paris, Larousse, 2013.

Dictionnaire des philosophes, Encyclopedia universalis et Albin Michel, Paris, 2006.

Grand dictionnaire de la philosophie, Sous la direction de Michel Blay, Québec, Larousse, 2003.

RUSS Jacqueline, Dictionnaire de philosophie, Bordas, France, 2012.

Articles en ligne

https:// fr.wikipedia.org/wiki/La_Crise_de_la_culture, Consulté le 9/01/23 à 23h41.

Maël Goarzin, « André Comte-Sponville, L'Amour en quatre leçons de philosophie. Amour et Bonheur (DVD 1) », Lectures [Online], Reviews, Online since 12 November 2013, connection on 21 September 2022.

Table des matières

Mots aux lecteurs iii
Dédicace v
Remerciements vii
Sommaire xiii
Introduction 1
Chapitre 1. *Eros* en aventure philosophique : du l'hymne aumeurtre érotique 11
  1.1. Hymne à l'éros 13
      1.1.1. Force psychologique de l'éros 13
      1.1.2. La jouissance amoureuse 19
  1.2. La menace érotique 22
      1.2.1. La spiritualisation de l'amour 22
      1.2.2. Saint Thomas d'Aquin et la diabolisation de l'éros 22
      1.2.3. Pascal et l'amour de charité 24
      1.2.4. La menace rationnelle de l'éros 25
      1.2.5. Descartes (1596-1650) et l'irrationalité de l'éros 25
  1.3. Du dualisme à la dualité de l'amour 28
      1.3.1. Éthique de l'amour 29

1.3.2. Levinas et le visage érotique............ 29

1.3.3. L'unicité de l'amour 32

Chapitre 2. Comte-Sponville et l'unité duelle de l'Amour.. 38

2.1.   L'humain et l'érotisme...................... 40

    2.1.1. Ontologie érotique........................... 40

    2.1.2. La jouissance désireuse................... 43

    2.1.3. Erotisme et transgression 46

2.2.   La réalité ternaire de l'amour............. 48

    2.2.1. Eros au fondement de l'humain...... 49

    2.2.2. De l'ennui à la joie d'aimer 51

    2.2.3. De la joie à la douceur..................... 54

    2.2.4. Le couple entre passion et vertu 56

    2.2.5. La passion et le couple 56

    2.2.6. L'amitié et le couple........................ 58

    2.2.7. Le couple entre état et acte............. 60

Chapitre 3. L'enjeu érotique pour la jeunesse Africaine.. 64

  3.1. La jeunesse face aux pièges de l'éros 66

    3.1.1. Des illusions ou de la cristallisation 67

    3.1.2. Hédonisme ou utilitarisme au fondement du couple 71

3.2. Le sens amoureux : art d'aimer et d'être aimé 74

    3.2.1. Du jeu de la vie à un enjeu pour la vie 74

    3.2.2. De la sagesse amoureuse 77

3.3. Éducation : Paradigme pour une sagesse de l'amour 82

    3.3.1. De la crise amoureuse : éducation en péril 82

    3.3.2. Le télos de l'éducation amoureuse. 85

Conclusion 88

Bibliographie 94

Table des matières 98

www.ingramcontent.com/pod-product-compliance
Lightning Source LLC
Chambersburg PA
CBHW070939180426
43192CB00039B/2352